實用
教學原理

林寶山◆著

作者簡介

林寶山

學歷：美國德州大學奧斯汀校區哲學博士
　　　美國亞利桑那州立大學、密西西比州立大學研究
經歷：曾任大學講師、副教授、教授、系主任、所長等職務
　　　國立台灣科技大學教育學程中心教授
著作：最新留美輔導
　　　教學原理與技巧
　　　特殊教育導論
　　　其他教育學術著（譯）作三十餘冊

序 言

　　近二十年來作者對於教學園地一直存有濃厚的興趣。在民國七十七年完成《教學原理》一書之後，更是成為作者在大學從事教學和研究的主要領域。而從親身任教的經驗，也提供了許多增修教學原理一書的題材。民國八十七年《教學原理與技巧》與本書的撰寫，可說都是作者從事實際教學和實驗研究的心得。鑑於國外教育學術著作之出版速度極快，不僅每年都有許多教學之新著出版，每年修訂增刪再版之書籍也相當多。本書即基於以上之理念而作，希望能夠再現教學原理之新面貌。

　　就「教學」的演進來看，教學史與「教育史」同樣長久。教育在二十世紀以來有了新的風貌，大眾化學校教育興起，班級和年級制度形成，教學的方法和內容也隨著更新。教育學者在改進學校的教學上也有了相當豐碩的成果。本世紀以來的許多教學主張和實驗就相當的多，各種為改進班級教學缺失而發展出的教學理論模式更被廣泛地應用到學校教學上，許多古老教學原理到了二十世紀末期也都有了新的詮釋。

　　教學原理與教學理論、方法、技巧、歷程、內容密切相關。因此，本書的內容大致為教學概念的分析、教師的角色與特質、著名的教學實驗、教學的歷程、教學的方法技巧、教學的信念及微觀教學等，共計二十四章。在每一章之後附有「待答問題」可供讀者練習。這些待答問題都與章節主題內容相關，大部分

問題之解答可由該章節內容中獲得，少部分題目則需由讀者另行參考其他相關書籍找尋答案。

本書的適用對象包括目前在大學修習教育學程的學生以及在職進修的現任中小學教師。本書可供教學原理、分科教材教法、教學理論等科目所用，由於篇幅內容較多，使用時可根據需要選擇相關章節。

本書的撰寫前後將近二年。感謝臺灣科技大學教育學程中心提供了理想的教學實驗和寫作的舞臺，不僅使作者更樂於教學，也孕育了更多的教學理念。希望本書對於有志教學的同好能有實際的幫助，並祈盼大家不吝賜教。

臺科大技職教育研究所的幾位寶貝研究生淑如、彩雲、曼怡、韻羽和祐如五人，在她們撰寫碩士論文的過程中還要抽空協助打字，在此表示謝意。祐如在畢業後又繼續幫忙總整理和校正工作，才使得書稿終能順利完成。最後更要感謝春枝的體諒和不時的鼓勵，願將本書與她們分享。

林寶山

民國九十二年七月
於國立臺灣科技大學

目 次

圖表次

VIII　實用教學原理

第 1 章

教學的意義

　　教學的意義，可以從敘述（descriptive）及規範（prescrip-tive）兩個角度來分析。所謂敘述性的角度是從教學的字源及字義方面加以解釋；至於規範性的角度則是從教學的規準上來分析。

第一節　教學的字義

　　傳統上對「教學」意義的分析大致是從古籍中對於「教」、「育」及「教學」等文字之註解來探討。

　　根據《說文解字》的解釋，「教」是「上所施，下所效」。

這句話的「上」是指教師或長輩;「下」則是指學生、弟子或晚輩、下一代。「施」字有表現、顯示的意義,而「效」字則是仿效、模仿之意。就文意言,凡是師長所表現的言行舉止,學生就要加以模仿。教學的活動即是教師的示範和學生的模仿學習活動。

《說文解字》對於「育」的解釋是「養子使作善也」。「育,不從子而從倒子者,正謂不善者可使作善也」。就此而言,使人為「善」、引人向「善」是教育之目的。「教學」二字合用最早見於《禮記》的學記篇:「君子如欲化民成俗,其必由學乎。玉不琢,不成器;人不學,不知義。是故古之王者建國君民,教學為先。」從這段文字中可知「教」是教導人民禮儀、道理的方法和過程。就此而言,教學的意義包括知識和品格的學習,與「教育」意義相同(賈馥茗,民72)。

在英文裡,常見的「教學」字義是 teaching 或 instruction。雖然也有學者認為此二英文字義並非完全相同,但大多數人卻習慣於將此二字交互使用,並未嚴格地去加以區分。例如在各種英文的教學書籍之中常會發現 teaching method 及 instructional method 或 teaching strategies 與 instructional strategies 交互使用的情形。由於 teaching 和 instruction 在習慣上已是互通之詞,作者亦持此一觀點,不去刻意強調此二名詞之異同。

Teaching 一字可從其動詞 teach 來追溯其傳統意義。在最早的時期,teach 的意義與 learn 的意義相通。在中世紀的英文是以 lernen 來代表 learn 或 teach。由此可見,英文的「教」與「學」是來自同一源,都是用以指那些被用來教的事實、信念或內容

（which is taught），這是第一種意義。

　　第二種意義是與 token 有關。Token 的原意是指一種信號或符號，它的字源是古時的英文字 taiknom。故 token 與 teach 亦有其相同的歷史淵源。就此而言，teach 的意義是指「利用信號或符號去向某人展示某種事物」或指「利用信號或符號去引發某人對於人及事物的反應」。因此，teach 的第二種意義是與教學的媒介或方法有關。

　　第三種意義是指「向某人展示如何去做」、「給予資訊」或指「給予某一科目的練習」。就此而言，teach 意指「傳授知識及技能」，這種教學觀強調由外而內的注入方式。

　　事實上教學並不只是由外而內的注入而已，因此，另一派的學者則認為人具有「先天觀念」，可以藉著「由內而外」的「引出」方式來進行。持此種觀點者把教學視為利用適當的探究技巧把學生的「先天觀念」引發出來，這是 teach 的第四種意義。此一定義則與 education 同義。

　　綜合以上中英文的「教學」字義所作的分析，「教學」與「教」、「育」及「教育」三詞的界定均極為相似。但中國在引入西方的教育學說之後，「教學」的英文字是用 teaching 或 instruction 二字，而「教育」是用 education 來表示。英文中這二個名詞在字義上有所區別，而我國的學校教育又深受西洋教育的影響，使得目前在中文的「教學」與「教育」二詞的內涵也有了差別。

　　但以上有關教學的敘述大致是從東西方古籍中就字源、字

義層面的探討。然而今日世界各國的學校教育及環境與二十世紀之前已有極大的不同，教學的意義不宜全然拘泥於古籍所賦予的原義，而應以當前的時空環境給予新的詮釋，才不至於陷入「食古不化」的謬誤之中。簡言之，今日的「學校」與春秋戰國時期或希臘時期的「學校」有很大不同；今日學校的教學活動有完善精美的教材及教科書，且教學方法應用了許多教學媒體及教具，然孔孟或蘇格拉底、柏拉圖時期則無。尤其是電腦科技的應用，教學的空間、場所、方式都有了全新的面貌，遠距教學或隔空教學等都是教學的新型態，教學環境今非昔比，教學已不只是單純的模仿、引出或注入等字義。教學的方法也隨著教學環境會有不同，例如大學及小學的教學法及重點即有差異。因此，探究教學的意義，必須兼顧古今時空環境及對象等的差異而賦予較新的內涵。以下再摘述國內教育學者的教學觀以供讀者參考。

1. 郭為藩（民68）認為「凡屬教學行動，總代表施教者與受教者間的交互作用，這種作用就教育者而言是所謂施教（instruction），就受教者而言是所謂學習（learning）」。在此處，郭為藩所謂的施教亦即教學之意。

2. 林生傳（民77）將教學之內涵歸納為一種策略，一種由施教者與受教者產生的互動，它是多樣態、複雜的活動，而且是經過周詳設計與選擇，利用一連串技術以達成目的的一種策略行動。

3. 歐陽教（民75）視教學為施教者以適當的方法使受教者學到有認知意義或有價值目的之活動。

第二節　教學的規準

　　教學的概念，也可以從規範性的角度來分析，也就是教學所應符合的各種規準。

　　教學活動必須符合「教育」的三項最基本的規範或要求，亦即「認知、價值、自願」的三項規準，才能算是真正的教學。

　　教學的認知規準是指教學的內容必須符合事實的認知，而認知的要件是要有充分的證據或能夠證實。只有能被證實的內容才能成為知識，因此，教學重在教導真理和事實，否則即是「不真」或「無效」的教學。

　　教學的價值規準是指教學要符合哲學的價值論，亦即教學的結果要符合道德的適切性和合理性，具有普遍奉行的價值。若學生在校所學對其個人生活或社會大眾不具價值，甚至反而貽害個人或社會，則教學將不具意義。例如教學生偷竊即是悖離道德和社會規範，不具教學價值。教學的目的都是要使學生向善、向上發展，要使學生成為一良善的個人，成為對社會國家有用、有貢獻的一份子。教師的教學絕不能有意使學生學壞，甚至成為反社會、破壞社會的人。

　　教學的自願規準是指教學過程中，教師不應採用悖離道德的方法進行教學。如以邪惡不當、不合情理的方法去脅迫、勉強學習者使之無法自由、自願去學習，都不能稱之為教學。而以強制手段將某種虛假的信念、價值或邪惡的意識型態獨斷地

注入學習者，更不算是教學，而是一種灌輸（indoctrination）。因此，教學過程中的種種方法也須符合哲學價值論的規準。因此，教師的教學應尊重學生的意願，不應施以強制的命令、權威、手段或其他有害身心的方法，如體罰。

從以上三項規準的分析可知，合價值性乃是教學目標的規準，合認知性應屬教學內容的規準，而合自願性乃是教學方法的規準。教學活動應符合這些規準的要求才算是教學。

第三節　教學與教育

教學的意義除了可由其字源及其規準上加以闡釋外，還可就與教學相關的名詞來了解教學的意義。

十八世紀的德國教育家赫爾巴特（J. F. Herbart, 1776-1841）曾提出「教育性教學」的理論，對教育與教學此二概念作了明確說明。他認為教育與教學並非等號，教育的目標和功能較廣，涵蓋了教學的目標與功能。教學過程也同時是教育過程。教學的基本任務當然是在傳授知識。而知識的形成中孕育了意志、態度和信念三元素，也就是道德品格的核心。陶冶良善的道德品格正是赫氏所主張的教育最終目標，德育也就成為教育的代名詞。為使教學能同時達成教育目標，赫氏主張以宗教、國語、歷史等學科中與道德行為有關的教材作為教學內容來發展學生的道德。

不過，今日學校的教學常只以知識教學爲主，即以智育目標爲主。教師常以課堂教學時間不足爲由，無法兼顧其他技能、情意態度目標及其他更廣泛的教育目標。教師若要兼顧智育以外的目標，往往會使教學進度落後，學科教材便無法達成。這種現象，使得教學只完成了教育的一部分功能。偏重智育的結果往往犧牲了其他的教育功能。換言之，教學是實現教育功能的重要手段、方法，藉由教學過程的實施，教育目標得以圓滿實現。因此，教學是教育的重要手段。教學與教育有密切相關，但卻不能將之劃上等號。

　　教學與教育的關係可以根據美國德州大學教育學者賴士楷（John A. Laska）對於教育活動構成要件的剖析中有更清晰的認識。賴士楷首先將人類獲致某種學習成果（learning outcome）的方式分成「有意間的學習」及「無意間的學習」兩大類。「無意間的學習」隨時都可能發生，人類的一生也都從這些無法預知、無法控制的學習情境中不斷的在學習。各種的「教訓」、「失敗爲成功之母」都蘊含這種無意間的學習活動。例如兒童在無意之間觸電後，他就學會了在未來避免再去觸摸電源。因此，這種無意的學習活動只賴個人自行從經驗中去獲得。無意間的學習活動隨時都在進行著，所謂活到老、學到老、終身學習的意義即在此。

　　至於「有意間的學習」是指一種在經過縝密計畫或控制的學習情境裡所進行的活動。這種活動通常是由其他人或由學習者本身有意的去控制、指導管理、影響或提供一種學習情境，其目的是希望能獲得某種預期的學習成果。根據賴士楷的觀點，

這種「有意間的」學習活動就是我們所稱的「教育」活動。

　　「教育」活動又可分成「正式」及「非正式」兩種。正式教育的構成要件有三：第一，要有「教育者」（educator），通常就是指教師；第二，要有「學習者」（learner），即指學生；第三，教育者和學習者必須有預期的「目標」（goal），這些目標可能是「知能的增進」或「品格的陶冶」或「習性的養成」。如果不具備這三項要件的教育活動即屬於「非正式教育」。例如看電視新聞可被視為一種教育活動，因為電視新聞節目負責人是有意在讓觀眾獲知各種新聞。但是如果觀眾只是隨意打開電視，而無意去獲知新聞，則此一活動即屬非正式教育活動。

　　正式的教育活動通常在「學校」內進行。學校是一種以實現正式教育為主要目的之機構。在學校內，扮演「教育者」角色的被稱為「教師」，扮演「學習者」角色的即稱為「學生」，教師與學生雙方都有預期要完成的目標。就此而言，廣義的教學乃是「正式教育活動」之一。這種「廣義」教學的時間通常就是學生在學校受教育的年限。與此相對的即是「狹義」的教學，它通常是指在一節課或一週等較短期限內所進行的正式教育活動，這也就是一般所指的教學。

第四節　教學與課程

　　在正式教育活動中包含兩種成份，即「教什麼」和「如何

教」兩類。前者通常是課程領域的範圍，後者則是教學領域中所要探討的範圍。就此而言，課程可以說是一種內容或學習經驗，教學則是一種手段或方法，它是使學生獲得學習經驗、達到預期目標的方式。

課程包括了兩個要素，即「課程目標」與「課程內容」。「課程目標」通常是根據學校教育目標而來，與教學活動所預期要獲得的「學習成果」有密切關係。這些預期的學習成果包括知識的、技能的、情意態度的目標，或是所謂德、智、體、群的四育教育目標。「課程內容」則是用以達成學習成果的各種有系統、有組織的「學習經驗」，這些學習經驗通常是透過「教學傳遞系統」（instructional delivery system）來傳達給學習者。此一系統的組成要素包括了教育者、教學來源和教學方法。

換言之，「課程內容」是教師的教學活動中所要教的各種材料，即通稱「教材」，亦即「教學內容」。若沒有教材，也就無法構成「教」與「學」的活動。

課程內容又包括了各種的學科（subject matters）。而將這些學科作有系統的組織、計畫即稱之為課程。每一學科的內容包括了各種的知識、概念、技能、態度與情意等方面的題材。這些題材在經過各學科專家的有系統整理之後，即以各種教科書的型態出現，遂使得今日學校的教學活動與「教科書」的內容有密切關係。在我國當前的學校教學裡即形成教師的教學過度依賴教科書，各級各類考試更以教科書的範圍為準，不得踰越。教師的教學變成純粹在「教書」，學生的學習也只在「讀書」而已，此種觀念過分偏狹，不僅窄化了教學的內涵，也扭

曲了學習的本意。事實上，教科書只是教材之一，書本以外的學習經驗也都是教學的重要題材。教學絕不應流於教書本而已。不過，在今日資訊爆炸的時代，可供教學的題材極多，而教學的時間卻有限，因而如何去選擇最有價值的材料來教給學生就成為教師所要面對的課題。

第五節　教學與學習

　　教學與學習（learning）的關係在前述英文的教學字源時已有提及，即教與學在最早期是同義字。而在今日的學校教育中，教師的「教」與學生的「學」仍具有密切的關係。在此所要分析的課題則是：教學活動是否必須在學習活動發生後才算是真正的教學？亦即「有教必有學」的問題。

　　在教學領域的文獻中，學者對此一問題的看法不一。有的學者認為只要教師的教學是「有預期或有意圖」（intended）要去引導學習活動的發生，即符合教學的要件，至於學習者有沒有表現或完成學習活動，則非必要條件。另外的學者則主張教學必須符合使學習者產生了學習活動的必要條件，才屬有效的教學。由於這兩種見解相持不下，且均涉及了「學習」領域中對於「學習」定義的看法，往往使得問題更不易釐清。

　　在本書中作者所持的觀點是，只要教師的教學是「有預期」或「有意圖」且是「有計畫」的使學習者獲得目標即可，而無須等待學習者真正獲致學習成果。採取此一觀點即可避免教師

陷入「如果學生沒學好，就是教師沒有教或不認真教」的困惑。

　　採取「有意圖」的觀點來界定教學活動，還意指著教師必須事先訂出周詳精密的活動計畫，包括最合適的教學目標、最合需要的教材和學習經驗，並採用最有效的教學方法。教學活動不是偶然或任意產生的，也不是毫無計畫的活動，更不意味著置學生的「學習」於不顧，而是意指教師必須以詳細的教學計畫，並應用最佳的方法促使學生從事學習，以便達到學習目標。至於學生是否都能如教師所預期的達成學習目標，就不是教師能夠完全掌握的事情。

　　「教學」與「學習」的關係除了前述「意圖─成果」的關係外，教學的「方法及過程」與學習原理也有密切關係。在教學過程中，教師常應用的各種「學習原理」大致可分成四類：(1)與學生的動機有關的；(2)指那些影響學習速度和程度的；(3)指那些與記憶量有關的；(4)指那些能影響學習遷移的各種原理。

　　今日的學生在學校的學習，大都是屬於教師指導下的學習，鮮少是由學生獨立自學。教師要透過教學活動來指導、激發學生的主動學習時，首先要能確實認識到學生現有的知識、概念、學習經驗、能力、性向、興趣等條件，才能使新舊知識經驗不斷地結合，而構成有效的教學活動。

　　學生的學習並非只是被動地接受來自教師傳遞的知識。學習乃是根據學生舊有的知識概念、經驗來認知新事物的過程，並使「新知」融入「舊知」中而形成新的認知體系。當然學生的現有知識並不全然正確、完備，因此，教師的重要任務即在根據學生認知體系的條件加以修正或補充，使錯誤知識得以更

正。換言之，教師須了解學生已具備哪些知識、技能和態度；其中有哪些成份必須更正或重新組織。惟有充分認識到這些要素，才能使學生的學習更容易且具成效。

　　教師的教與學生的學乃是密切相關的活動。一般而言，教應先於學，但教師的教學活動未必能使學生自然產生相對應的活動，學習也非教學的反射活動，即「有教未必有學」。教師若未能考慮學生的各項學習條件而只顧著教，或急於求成，反而會阻礙學習，教師在教學過程中必須統合學習過程的各項因素，才算完成教學任務。

　　事實上，教學包括了教師的「傳授過程」與學生的「學習過程」。教學即是由教師透過教學傳遞系統將教材內容傳達給學生並使學生獲得預期學習成果的過程。但這並非意味教師將教材內容「奉送」給學生，學生被動地「承受」而已。學生必須主動地去學習獲取，教師無法替代學生去學習，教師不能取代學生的角色。惟有當學生能主動進行學習活動，積極地鑽研教材內容時，真正的教學過程才算完成。因此，教師的教學活動除了傳授內容知識之外，還要激勵、指導學生自我主動地學習，才能使學生有效地獲致學習成果。

　　教學如果只視之為教師單向「教授」的過程，教師就只能專注於教授知識內容的活動，而忽略了激勵指導學生的學習過程，容易造成教師強迫、填鴨、灌輸的偏失。反之，如果只將教學視之為學生的「學習」過程，則有忽視教師的指導功用，也易使學習流於放任的危險。因此，教師在教學過程中的主要任務應是在使用有效的傳輸系統教授教材內容，並指導學生展

開主動積極的學習，以獲致預期的學習成果，即達成教學的認知、技能和情意態度層面的特定目標。就此而言，教學過程既不是單純的「傳授」過程，也不是單純的「學習」過程，而是兩種過程的統合，這才是教學的真正本質所在。

綜合前述各節所作的分析可以發現，在教學領域中，教師、學生、課程、教材及教學法等都是正式教育活動中不可或缺的要素，這些要素彼此構成多重的關係。下圖是作者根據美國教育學者賴士楷所提教育活動構成要素整理而成的教學關係圖（Laska, 1984）：

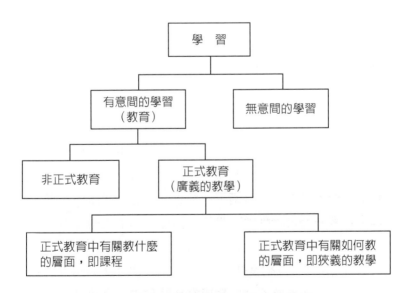

圖 1-1　教育、課程與教學關係圖

第六節　教學專業化

教學或教育是不是一種專業的工作，在我國迄今仍未有定論。教育工作人員本身及社會大眾對此並未有一致的看法。要了解此一課題，必先釐清「專業」之內涵。

專業（profession）即專門職業，意指從事某種職業或工作時必須具備高度的專門知識與技能才能勝任該行業之工作。而此等知能要求愈嚴，即表示專業化程度愈高，例如醫師、會計師、律師、建築師、電機工程師等都屬專門職業之人員。

就現狀而言，在各種專業化的例子中，成效最佳者，當推醫師的養成制度。一位合格的醫師，除了要接受四年的基礎醫學教育外，還得有兩年的見習及一年的實習。在七年醫學系教育之後，還得通過國家醫師考試，才能成為合格的醫師。

因此，教師是否可視之為專業工作者，也必須檢視教學是否須具備相當程度水準的知識及技能才能勝任。此外，目前擔任教學工作者是否都已具備了此等專門知能，其比率多寡，亦都是研判教學是否夠稱得上專業之指標。專業化的各種要求，與該行業的品質有密切關係。教師若都具相當程度之專業知能，則教學品質自然會具相當高之水準。反之，若人人皆可以為師，則教師素質必將參差不齊，教學之品質和成效自然會受質疑。

次就教學活動所涉及的知識與技能層面來分析，教學所涉及的知識領域極廣，與哲學、心理學、社會學、生物學等都有

密切關係。這些學科知識構成了教學原理、方法及各種理念。此等知能必須要長時間的養成教育。至於教學方法與技術方面，更是師資培育的重要課題。教學過程是一連串技術、技巧的結合，這些技巧意指巧妙地行使事物的技藝，而且是細微的、具體的、簡單的、關鍵的。換言之，只是「一點訣」而已。

　　進行教學活動固有賴教學方法，而方法則有賴一系列技巧的應用。但教學技巧的應用常存乎一心，惟有教學經驗豐富者才能靈活應用，表現出優異的「教學技巧」，達到教學的最高藝術境界。今日的中小學教學已不只是「愛的教育」，更須重視各種有效的「教學技巧」，教學之所以是科學又是藝術，其理由也在此。

　　教學歷程是一種多樣態的活動，涉及多種因素，如教師的教學策略、技巧、信念、態度、學生的特質、教室環境、設備等。教師在從事教學活動過程中對於這些因素都必須能夠周詳地考慮。教學活動更是一種靈活的智慧活動，涉及每位教師的「思考」和「決定」，因此教學並不會刻板的受制於某些既定的規則而一成不變。

　　綜上所述，教學工作是一專業化的活動，也是專門的職業，惟有受過專業訓練的教師方能勝任此一工作，應是無庸置疑。若就當前師資培育課程來看，想要成為合格教師只須修滿二十六或四十學分的教育基礎學科、教育方法學科和實習等課程即可。就學分及課程來看是否足夠養成教學專業知能確實值得商榷。從一般非專業人士的角度來看，教學的專業性卻仍未被普遍認同。從過去常有「師範生不一定比非師範生會教」，到現

在依然有「修習教育學程不一定比未修教育學程者會教」之論點存在。

此外，教學工作的專業標準是否適宜比照醫師及律師等行業的專業要求，似乎亦有不同之見解。教學活動欲成為專業化，則全體擔任教學工作之教師，必須先對教學的專業內涵有共識，才能在專業上時刻求發展。在從事教學時更要不斷地進修、自我成長，否則教學時日愈久，倦怠感從而滋生，專業知能及態度不進而退形成資深卻不優良之現象。因此，教師進修制度亦是促使教學專業化之必要條件。

待答問題

1. 查閱英文字典或百科全書中的「教學」之意義。

2. 分析教學、灌輸、訓練的意義。

3. 想像五十年前台灣的中小學校教學情境。

4.分析教學與學習的關係。

5.闡述「有教必有學」及「凡學必由教」的意義。

6.在哪些情況下會產生「有教未必有學」的現象？試舉例說明。

7.分析下列語句中打「」號字的意義：
　劉老師在育達商職「教」書，她每星期「教」六節課，她在
　這星期「教」的單元是商業現代化。

8.「教師」專業的標準是否應該比照「律師」或「醫師」？試
　從三者之工作性質加以分析。

9.作為「教書匠」與「教育家」要具備哪些條件？兩者又有何
　區別？

第 **2** 章

教師的工作與關注

第一節 從事教學工作的原因

　　促使個人選擇教學為職業和長期獻身教學工作的因素實在相當多，包括父母、家庭及過去中小學教師的影響、對於教育重要性的體認、對於學科的興趣、喜歡與兒童青少年相處、工作的安定和保障、有寒暑假期，甚至是因為還未找到其他工作等都是使得國人投入教學的原因。而根據學者的調查，顯示較為關鍵的因素為：(1)樂於與學生相處；(2)對於學科的興趣；(3)

教學工作的保障等三項（Martin, et al., 1988），以下即分別加以
說明：

一、喜歡與學生相處

　　喜歡與青少年學生相處所獲得的樂趣，是今日大多數教師
當初投入教學行列，並且長久任教的主要原因。我國自古即有
「得天下英才而教育之，一樂也」的說法，今日許多教師願與
兒童青少年為伍，即使不是英才，甚至為特殊兒童都樂此不
疲，這種來自內在的誘因是使教師願意終生獻身教學工作的動
機所在。

　　許多教師可以從學生不斷地進步、成長、成就、成熟等方
面體會出教學的樂趣，也可以從昔日任教學生所表示的感謝和
致意中獲得內在的滿足。這些都是中外教師當初選擇教學工作
的原因所在。

二、對於任教學科的興趣

　　一項對美國公立學校教師的調查發現（Myers & Myers,
1995），約有百分之六十六的教師表示，由於他們對於某一學
科有濃厚的興趣而促使他們從事教學工作。例如學科中所蘊含
的知識內容概念使他們心靈繼續充實成長，也使他們樂於將這
些知識傳授給學生。對這些教師而言，樂趣的來源即是「教學
相長」。

三、教學工作的安定性

　　教學工作在我國被視爲具有安定性的工作，公教人員幾乎是各行業中最有保障的終身職業，不像其他行業充滿風險和競爭。除非任教期間有重大過失，教師工作最具有保障。各種工商行業可能關門，但學校幾乎不可能停辦。因此，教學工作的高度安定性和保障也是許多人投入教職的主因之一。

　　在台灣，寒暑假期亦是吸引教師的外在誘因之一。我國的教師在寒暑假期不上班仍支領薪水，在美國，雖然假期不支薪，但教師卻可從事其他短期工作或安排休假活動。事實上，教師的待遇及其他福利遠低於其他工商行業，我國公教人員亦然。雖然年年調整待遇，但仍無法與其他行業相比。因此，想要久任教職，就不必計較薪資的高低。內在的教學動機如樂與學生相處、體認教學的價值、對於學科的興趣等因素才是維繫個人獻身教學工作的主要因素。

　　以上是多數人選擇當教師的原因。至於擔任教職的途徑，就我國中小學師資培育制度來看，在「師資培育法」未通過前是採一元化的方式，主要機構爲師範大學、師範學院及政大教育系。這些師範院校學生，於大學四年期間接受了本科如生物、數學、物理等科的專門科目教育，也修習足夠的教育學分，還得在第五年分發到中小學接受一年的教育實習，於實習期滿成績及格畢業後，才能成爲合格教師。

　　在民國八十三年「師資培育法」通過後，中小學師資之培

育採取多元化方式，由國立師範校院及一般設有教育學程的普通大學來培育師資。有志從事教學的學生於修滿教育學程、學分之後，必須先經過初檢才能成為「實習教師」，再到中小學實習一年，期滿成績及格者才能參加複檢成為「合格教師」。惟實習一年的規定，已於九十一年新修訂的師資培育法中減為半年，並自九十二學年度起施行。

近十年來各大學普設中小學教育學程，儲備了許多有志於從事教職的合格教師。但由於中小學師資的供求有極大的差距，以致形成當前教職難求，競爭極為激烈的現象，也使得許多想要獻身教學工作者無法如願。

第二節　教師的教學關注

每個人選擇從事教學工作都有其考量因素，這些原因從喜歡和學生相處到教學工作的安定與保障等。而在教師投入教學工作之後，處於學校教學環境之中，面對著學生經常要扮演著許多角色，要從事各項教學任務，也因而產生各類關注。

美國學者傅勒（Fuller F. F., 1969）最先提出教師關注（teacher concerns）的概念。關注是指個體對於某一事物的感受、想法、思慮等融合而成的整體反應，不但是一種積極的態度，也是一種對未來的期盼。每個人對於環境中的刺激，會依照自己關心的程度來作選擇性的反應。簡言之，如果個人經常想到某些事物，並且願意去做，表示這些事物已被關注了。因

此，教師關注即是教師對於教學工作預期的一種積極的態度，
這些關注大都與教師個人、學生及工作有關。

根據傅勒的觀點，教師關注可歸爲三層面或三階段：

一、自我關注層面

這是對教學以外各項事物的關注，包括自己的前途事業、
婚姻、交友或待遇福利等方面。

二、教學工作關注層面

這是指教師對於自己爲人師表的角色、教學專業能力適任
性、教學成就及教學環境相關事物的關注，包括班級經營、課
程教材、教學負擔等方面。

三、學生學習影響關注層面

這是指教師對於學生的學習相關事物的關懷，例如學生是
否學習到應有之知能、是否有成就、是否符合學生的需要等。

傅勒指出，教師關注的發展歷程一般都是從自我利益的關
注到對學生學習的關注。教師關注在發展的歷程中也有可能產
生停滯、倒退甚至不關注的情形，因此，並非所有的教師都能
達到對學生學習影響的關注階段。而有關教師關注方面的研究
大都是以傅勒所發展的教師關注檢核表（Teacher Concerns Check-
list, TCCL）爲測量工具。在我國教育研究文獻中也有許多以中
小學教師爲對象的相關研究。

　　從教師的關注事項可以看出教師對於教學專業工作投入和喜好的程度，也可以看出教師對於教學所具有的各項信念。換言之，教師關注及教學信念應有密切關係，都是教學領域中值得探討的課題。

待答問題

1.說明你選修教育學程或想當教師的主要原因。

2.你預估未來實現當教師的機率為何？

3.教師的關注內涵為何？

4.你認為我國中小學教師的教學關注情形為何？

第 **3** 章

現代教師的角色與特質

第一節　教師的角色

一、教師的傳統角色

　　教師的角色可以從很多角度來分析。傳統上，我國教師的角色既是經師，也是人師。社會上一般人大都視教學爲一種神聖的事業，此種觀點與日本傳統上視教職爲「聖職」之觀點頗相符合。也因此，社會大眾對於教師的道德人格和行爲表現往

往有較高的期許和要求。

　　教師首要任務是在教「人」，教導學生做人、做好人、做善良人、做一個好國民。次要任務才是在教「書」，教導書中之知識，教導各種技能或處事之道理、方法等。換言之，教師的任務以「育人」爲主，教「書」爲輔。

　　從事教學工作，基本上要有專業的知識、能力，才能成爲稱職的教師，亦即「經師」，或稱之爲「教書匠」。教學工作要做到「匠」的境界已經很不容易。凡能稱爲「匠」者，一定具有專門的技藝，這些技藝大都需要相當長久時間的訓練才能習得。而所謂「匠心」之意，更隱含高度心智活動。故就匠字本意而言，並不含有輕視意味。在今日職業平等的社會，從事教學工作即使被稱爲教書匠，似乎也不必在心理上自貶身價。此種觀點即視教師爲一專門職業，必須具備相當條件者方能擔任教職。因此，教師所扮演的乃是教學專業者角色。

　　想成爲教育家，必須以育人爲主要職志，以傳道、授業、解惑爲次要任務，此外還要具備愛學生之心、無限的耐心、敬業樂業的精神和熱忱，時時刻刻皆以學生品德、人格、行爲之陶冶爲教學最終目標。一位小學教師若能具備這些條件、抱負、理想，即可成爲教育家，反之，若欠缺這些條件、特質，即使身在大學殿堂，也可能連教書匠都不是。雖然偉大的教育家不多見，但默默耕耘的教育家應有很多，只是不爲人知而已。

二、今日教師的多元化角色

　　今日學校教師的另一種角色則是一位求知的引導者、輔導

者、協助者，其主要任務是在指引學生自己求知，學生才是學習的主角。教師只是課堂教學的導演，要儘量把教室學習的舞台留給學生。

教學是一趟由教師引領學生探索、發現知識之旅而已，所謂「師父帶入門，修行靠個人」、「導而弗牽」意即在此。教學要以養成學生獨立自主、自動學習的習慣和能力，不必樣樣都替學生操心，只要教會他們自己能自學即可。教師要給學生的是打開知識寶庫的鑰匙，而不是庫內的寶物。教學生練習一百道題目，不如教會他解題之道。與其給一個人一條魚，不如教他自己去釣魚，那樣他將能終生有魚吃。教師不必想把自己所知道的完全告訴學生，重要的是要教學生自己教自己，亦即讓學生「自我教育」。

事實上，教師的角色也可分成人際的角色（interpersonal roles）及教學方法的角色（pedagogical roles）。人際的角色是從教師與家長、社區人士及學生之關係來分析。教師是學生在情緒上、精神上、社交上、人格上、行為上的「輔導者」；教師與家長則是「合作者」的角色，彼此要密切溝通、聯繫、配合。教師在社區上更是重要的成員，教師必須了解社區的特色、背景，才能了解學生及家長和社區的需求，因此教師又得扮演「支持者」的角色。

至於教學方面的角色意指教師是課程發展者及實際教學者。教師必須決定課程與教學目標、選擇教材、設計教案，這些都是課程發展必須考慮的要務。教師在實際教學時必須以最合適的教學方法提供學習經驗、指導學生的學習。因此，教師所扮

演的是學習的領航者、指導者的角色。

　　要扮演好上述各項教師的角色並不容易。在今日變遷迅速的多元化社會裡，許多外在因素挑戰著教師的傳統角色。「經師」的角色常流於知識的販賣者，教師變成「教書匠」。「人師」角色更被忽視，教學只在教書本。簡言之，教師的角色愈趨模糊，教師對學生的影響力不彰，一項研究曾指出，教師對學生的影響力只有百分之九，遠低於父母及同儕。因此，有效教師如何界定自己的主要角色乃是艱難的課題。

教師難為

如果你督導過緊，他說你像閻羅王，
如果你脾氣太好，他說你像泥菩薩。
如果你罵他幾句，他把你當仇人，
如果你誇他幾句，他便自命不凡。
如果你上課嚴肅，他說你死板無趣，
如果你說說笑話，他說你老愛閒扯。
如果你談談往事，他說你又在亂蓋。
如果你從不缺課，他說你假正經，
如果你常常請假，他說你誤人子弟。
如果你穿著華麗，他說你太會打扮，
如果你整潔樸素，他說你窮酸。
如果你教英數理化，他見你就昏頭轉向，
如果你教史地公民，他覺得你無足輕重。
所以我說：當教師，難啊！

第二節　理想教師的特質

一、傳統「好教師」的特質

　　傳統上對於一位「好」教師的看法極為簡單，只要具有愛心、耐心、身體健康、人格高尚、品性端正、熱誠、友善、有禮貌，且知識豐富、認真教學……就可算是一位好教師了。實際上，這樣的標準以今天的觀點來看不免缺少了明確客觀的判斷標準。

　　就當前我國師資培育法規來看，想要從事中等學校教學工作的基本要件就是具有任教科目的專門學科學分（至少三十學分），再加修習教育專業課程（至少二十六學分）。由此可見，我國對中小學校合格教師的要求是以專業知能為主，對於教師的性向、人格特質、教學理念等並無特別的規定。事實上，「合格」教師並不等於「好」教師或「有效」教師（effective teacher）。此外，任教多年的「資深」教師也不保證就是「優良」教師。想要成為優良教師或是有效教師並不容易。

　　隨著教育心理學的發展，這種早期的定義也有所轉變，改從好教師的「身心及行為特質」來界定，亦即從下列四方面來研判：(1)人格（如焦慮、成熟、樂觀、內外制握等）；(2)態度（如對學生、對自我、對學科的態度等）；(3)經驗背景（如教學年資、任教科目、學位、專長科目、專業活動等）；(4)性向

和成就（如語文性向、大學平均成績）等方面的特徵來研判是否符合一位好教師的標準。許多教育心理學的研究即分別從上述各種層面進行探討。這種從身心行爲特質來研判好教師的觀點，只側重教師的個人條件，卻忽視了教師實際在班級教學的對象—學生的特質和表現。

二、「有效教師」的特質

　　七○年代以後，對於「好」教師逐漸改稱「有效」的教師（effective teacher），好教師又有了新的定義，即從某些教師的具體行爲對學生認知及情意態度等行爲的影響上來判斷。對於教師的研究轉爲研究其對學生的影響，例如研究教師和學生的交互作用（interaction）也成爲教育心理研究的新領域，此即性向（aptitude）與處理策略（treatment）互動的教學研究。探討的主題如教學方法、策略如何與學生的性向、特質相配；教師的教學型態對學生考試成績的提高；對學科的態度改善；學習技能的增進等是否有影響。

　　根據美國學者波立（Borich, 1992）的歸納，下列幾項可以作爲研判有效教師的依據。

　　1. **教學的明確性**

　　　指教學有系統，講述內容和目標清楚明確。

　　2. **教學的多樣性**

　　　即教學活動、方法和內容富變化。

　　3. **教學的任務取向**

　　　指教師全心投入教學的程度，教師能關心並幫助學生認真

去學習。

4.投入學習的程度

指學生全心投入學習活動的程度，學生用於學習的時間愈多，效果愈好。

另一位美國教育學者麥爾（Myers & Myers, 1995）指出四項有效教學的指標：

1.良好的班級氣氛

指溫暖、鼓勵、民主、和諧、學習取向的教室環境氣氛。

2.時間的有效運用

包括教學時間的長短、學生實際學習的時間量等皆與教學成效有關。

3.積極的教學策略

包括學習心向的導引、教材的展現、教學評量、良好的教室管理等。

4.教師的期望與獎勵

指合適的教師期望及適當的獎勵。

學者D. R. Cruickshank等人（1995）指出，有效教師的許多特質都會透過行為表現出來。例如，從教師的語言、面部表情和行動中可以看出教師是否充滿熱誠或溫暖的特質。但是這種熱誠或溫暖、幽默的行為特質卻不容易學得，它與教師個人所擁有的人格特性有關。另外有些行為特質就比較容易習得，例如認真敬業（businesslike）的特質，亦即企業界人士常表現的

特質，如：認真、有組織、任務取向等。教師所擁有的各項優良的人格特質只有實際表現在各種行為後，才能真正讓學生感受、體會，對學生也才真正有積極正面的影響。以下分別列舉一些具體的有效教師行為特質供參考。

1. 熱誠的行為特質

(1)顯現出充滿自信

(2)樂在教學

(3)全心投入教學

(4)很有活力並顯現各種肢體動作

(5)經常注視全體學生

(6)熟悉任教學科內容

(7)很有耐心幫助學生完成目標

(8)經常於教室內移動

2. 溫暖幽默的行為特質

(1)對學生友善

(2)能叫出學生的姓名

(3)願意與學生寒喧

(4)稱讚學生行為表現及成績進步

(5)不會使學生覺得緊張

(6)讓學習很有趣、會講笑話

(7)適時地開懷大笑

(8)經常微笑面對學生

3.鼓勵的行為特質

(1)對於學生的進步表現給予稱讚

(2)常提供正面的建議

(3)會指出學生缺點並給予指導，永不責罵學生

(4)當學生對你說話時會注視他，很仔細的聽

4.認真的行為特質

(1)認真做教學的準備

(2)有完整、有系統的教學計畫

(3)充分運用課堂時間，不遲到早退

(4)專心於課堂教學活動，以完成任務為取向

(5)讓學生清楚學習目標，指導學生完成它

(6)對課業要求很嚴謹，不馬虎、不草率

(7)事先對教材、教具有完善準備

　　由前述學者的研究結果可見，教學成效的研判指標極多，必須根據多重的指標才能判別教學是否具有成效。教學活動是極複雜的歷程，涉及了許多教學事件的處理和決定。影響教學的因素也很多，教學成效的良否更受到教師、學生、學校、家庭等多種因素影響。教學被視為既是「科學」又是「藝術」，教師一方面要精研有關教學的專業知能與技巧，另一方面則有賴教師本身對教學有深刻、獨到的體驗，教學才能達到最高的境界，亦即藝術之境。

　　教學是否有效，影響因素實在相當複雜，必須從各種層面

去研判。基本上，身爲教師首先必須具備好的品格及行爲特質，其次則是要具有專門學科的豐富知識以及教學的專業知能，才能夠用各種教學策略達成教學目標。要具備這些要件並不容易，任教學科的知識和教學方法與技巧都須與時俱進，不斷充實與進修，才能滿足教學的需求。

　　惟就今日我國教育當局對好教師的觀點常與前述要件不盡一致，常將「資深」與「優良」並用，認爲教學年資愈久，教學成果必定優良。此種論點並不一定成立，如果教師在教學歷程中未能繼續成長、進修，則時日一久，教學成效不進而退將可預期。因此，教師要有多年的教學，累聚了豐富的教學經驗，又能經常改進教學，增進教學技巧，才可能成爲一位優良的有效教師。

*1.*分析「好老師」、「合格教師」與「有效教師」的關係。

*2.*有效教師的評斷依據爲何？

*3.*今日中小學校教師的角色有哪些？其與大學教師的角色有無區別？

*4.*比較教師與工商界之從業人員在行爲特質上的異同。

*5.*你認爲你具備哪些適當的教師行爲特質？

*6.*舉例說明你最難忘的二位教師，並說明其原因。

第 4 章

早期的教學實驗

　　從西洋教育史可以發現，早在十八世紀到二十世紀初期就有一些著名的教學實驗，特別是在「進步主義」教育思潮盛行的一九二〇年代最爲顯著。本章首先介紹赫爾巴特的教學實驗，其次介紹文納特卡計畫和道爾敦計畫。

第一節　赫爾巴特的教學實驗

一、赫爾巴特的背景

　　最早對於教學歷程作有系統闡述並進行實驗的教育學者要屬十八世紀普魯士時代的赫爾巴特（G. F. Herbart, 1776-1841）。他的主張不僅對於當時的歐陸學校教學法有直接實際的影響，且對於現代許多國家中小學校教學仍有深遠的影響。

　　赫爾巴特出生於普魯士，正值法國大革命的前夕。父親為律師，在赫氏十二歲以前都由家庭教師給予教導。赫氏在十八歲入耶拿大學研習哲學，受到哲學大師菲希特的教誨，成為得意門生。並於一七九九年至瑞士研究裴斯塔洛齊（J. Pestalozzi）的教學法，深受其學說影響，並以德文介紹到當時的普魯士，兩人成為忘年之交。

　　赫爾巴特在一八〇二年取得博士學位，並擔任哥廷根大學講師，一八〇九年轉任柯尼斯堡大學教授，並成為該校康德哲學講座教授。赫爾巴特後來參與教育改革的活動，在一八七四年創辦教育研究所、教學理論研究所、附屬實驗學校，他的理論即是在實驗學校裡實踐的。但就當時普魯士的教育制度而言，中小學的公共教育才剛開始實施而已，赫氏並沒有太多的中小學實際教學經驗。他算是教育理論的大師，試圖建立教育的科學，也使教育學成為大學中的一門學科。

赫爾巴特的代表作爲一八〇六年出版的《普通教育學》和一八三五年的《教育學講授綱要》，他的教育思想主要載於這兩本代表作中。赫爾巴特認爲教育學的基礎是哲學和心理學，教育目的在於培養倫理道德，即五種道德觀念，包括自由、完善、仁慈、正義和公平。而達成教育目的之方法即是管理、訓育和「教育性教學」。

二、教育性教學的意義

赫爾巴特提出「教育性教學」的概念，試圖將教育與教學的概念整合起來。他認爲任何的教學都應當是教育性的，任何的教育都應以教學作爲主要的方法。

在他的著作中，教學法是主要的內容。透過教學可以充實兒童的知識，透過知識養成道德和意志力。學生必須對知識有強烈的興趣，興趣是教學的重要方法，也是教學的目的。

赫爾巴特受到裴斯塔洛齊的感官—知覺（sense-perception）學說的影響，認爲人類的心靈是由許多相關觀念的聯結而組成（association of ideas），學習是循著一系列的步驟在進行。學習的第一個步驟即是透過感官知覺而與外界接觸，接觸所得的感官印象與心靈中原有的觀念相統合，此一過程即稱之爲統覺（apperception）。

教育性教學的基本要件即是統覺。在教學時必須要讓學生能在原有的舊知識上建立新知識。他又把教育性教學分爲「分析教學」與「綜合教學」兩類。分析教學是將學生各種雜亂的經驗分析成若干組成要素。而綜合教學是將學生的一部分知識

概括爲整體與系統。此二類教學都應以學生的專心與愼思爲基礎。

　　學生透過專心可到達「明瞭」和「聯合」；透過愼思可到達「系統」與「方法」。明瞭、聯想、系統與方法即是赫氏所主張的教學四階段。

　　赫氏認爲教學過程第一階段要「明瞭」，教師透過說明和敘述，使學生明確地意識出每個表象，而「專心」即可獲得表象的明瞭性，教師要將經驗清晰的呈現出來使學生容易明瞭。其次，教師要將此一表象與其他原有類似的舊表象群相結合，此即「聯合」或「聯想」階段。此種聯合必須是具有完整的邏輯體系和關係，才能形成系統的知識而達「系統」階段。最後，教師要使學生能夠自由的將系統化知識經由「思索」或「致思」的過程應用於各種場合，使前後之知識表象具有一致性，此一階段他稱之爲「方法」。

三、五段教學法

　　赫爾巴特的弟子戚勒（T. Ziller, 1817-1882）和雷恩（W. Rein, 1847-1929）將赫氏的教學思想發揚光大，並以他的教學四階段爲基礎提出了形式階段說。戚勒將赫氏的「明瞭」階段分成「分析」與「綜合」兩步驟。雷恩則修正名稱成爲預備、提示、聯合（比較）、綜合與應用等五階段（參見下頁表）。茲分別略述如下：

㈠預備

　　根據興趣和統覺的理論，使兒童處於良好的心理狀態以接

受新知識。此一階段即現在所稱的引起學習動機或學習心向。

(二)提示

是指陳述、解釋和呈現所要學習的教材。其方法可以文字或實物表現。

(三)聯合（比較）

將前二階段已知的經驗與新教材聯合起來，並加以比較新舊材料間之異同和關係。其方法有討論、問答、圖示等。

(四)綜合

將前一階段的比較結果予以歸納，使之形成系統的知識原則或定義。

(五)應用

將習得的新知識和原則實際應用於日常生活中，藉此可驗證新知。

表 4-1　赫爾巴特教學法之發展

赫爾巴特	戚勒	雷恩	
1.明瞭	1.分析	1.預備	學習動機的喚起
	2.綜合	2.提示	新觀念的提示
2.聯合	3.聯合	3.聯合	新舊觀念的比較、統合
3.系統	4.系統	4.綜合	新舊觀念的概念和法則的整理
4.方法	5.方法	5.應用	新觀念的實施應用

在以上五個階段的教學中，每個階段都要以赫爾巴特所強調的「興趣」爲中心。「興趣」成爲教學過程中重要的一環。赫爾巴特認爲學生對事物有興趣常是被動的，往往只接受了某些觀念而已，並不表示學生已經投入了。對赫爾巴特主義者而言，教師的任務是在選擇適當的教材並根據學生現有儲存在心中的觀念來激發其動機，使學生想要去學這些教材。若新教材所涉及的觀念與學生原有的觀念之間存有「自然的相似性」（natural affinity），則學生將會產生興趣。赫爾巴特認爲教學就是要培養學生這些「多方面的興趣」。

赫爾巴特學派的形式階段學說強調教學過程要有明確的步驟，使學生舊經驗能與新知識結合以發展成有系統的知識架構。其學說強調思考、應用、綜合等能力的訓練，應予以高度評價。但過度強調四段或五段而一成不變，則又流於教學的機械化、形式化則爲此一學說的缺失。此外，赫爾巴特學說盛行的時代背景是在十八、十九世紀之時，當時小班小校的學校教學環境與今日以大班級教學爲主的學校教學條件有很大的不同。因此，今日的教師在應用赫爾巴特學派的五段教學法必須了解班級教學情境的差異所在。

在一八九二年赫爾巴特學會於美國成立後，他的理論開始成爲師資培育的理論基礎，對美國師範學校的課程和中小學校的教與學都有實際且深遠的影響。而赫爾巴特的理論對今日學校教育最明顯的影響即是教案的設計和教學計畫的步驟，這些教學計畫和教學過程大致依循赫爾巴特「教學階段」學說而來。

第二節　文納特卡計畫

一、文納特卡計畫的起源

文納特卡（Winnetka）是位於美國芝加哥附近的城市，人口約一萬人。文納特卡計畫（Winnetka Plan）即是指一九二〇年代在該地區的四所中小學所進行的一種個別化教學實驗。倡始人是當時在文納特卡地區擔任教育局長的華虛朋（Carleton Washburne, 1889-1968）。

華虛朋於一八八九年十二月二日出生於芝加哥。父親是醫生，華虛朋自高中畢業後乃進入芝加哥大學醫學院攻讀預科，隨後又轉至舊金山地區的史丹福大學唸生理學，放棄習醫。畢業後在洛杉磯地區擔任教學工作。隨後又在杜拉爾（Tulare）地區擔任特殊兒童的教學工作。華虛朋在此即開始試驗他自己的教學主張。

華虛朋自一九一四年在舊金山州立師範學院擔任教師，並負責為該校附屬小學編製自然課程。當時該校校長柏爾（Frederic Burk）的個別化教學實驗已在舊金山地區的一些公立學校施行，而遠在伊利諾州的文納特卡地方學區的教學當局也有意採行柏爾的計畫，因此華虛朋於一九一九年在柏爾的推薦下前往文納特卡地方學區負責主持該地的教學實驗，此即稱之為文納特卡計畫。

二、文納特卡計畫的原理與實施方式

文納特卡計畫的實施所根據的原理主要有三（Washburne et al., 1926）：

1. 採個別化制度，每一學科都分成許多單元，每一單元都有具體目標。
2. 由學生自我教學（self-instruction），並自我校正（self-correction），因此每一科目都編有供學生自學的練習材料。
3. 重視學生的自我表達和社會性的團體及創造性活動。

文納特卡計畫的實驗學校包括該學區的所有中小學及幼稚園各年級學生。學校採取不分班級的方式，而課程則分為基本學科（common essentials）及團體、創造性活動兩大類。

基本學科是指數學、社會科及語文科的三 R（讀、寫、算）。基本學科是所有學生都必須要修習的科目。

至於第二部分則是「團體的活動」和「創造性的活動」，包括音樂、藝術、新聞採訪、體育、手工、休閒活動、專題研究等活動，打破分科課程的限制。這些活動除了活動「本身」外，別無其他學術性的目的。通常每天上下午都各有一半的時間進行這些活動，以使學生能自我表現和社會化。

在文納特卡計畫中，診斷測驗扮演極重要的角色。包括數學、語言、歷史和地理等學科的測驗大都根據舊金山州立師範學院所編的測驗加以修正。這些學科都分成許多單元，每一單

元都編有許多測驗，學生必須先通過前一單元的測驗，才能進行下一單元教材的學習。單元測驗是由教師主持。

此外，文納特卡計畫中亦編有「練習教材」，可供學生依照他自己的速度逐步練習，直到每一部分都熟練為止。通常學生若未能通過單元測驗即可利用練習教材自我學習。各科練習教材都附有正確答案以供學生自行校正。

學生在準備熟練後才參加單元測驗，單元測驗若未通過即須再自行練習，再參加考試，直到通過。教師在這時會記錄學生通過的日期。

學生成績的計算是以其通過該學科的全部單元為準。由於各基本學科都採單元評量、個別學習的方式，因此，某位三年級學生的數學可能是三年級階段，但寫作可能已到四年級的階段，而歷史地理則到達五年級階段。因此，在文納特卡計畫中，學生可以根據自己的能力和速度自行學習，在學習的時間安排上能夠自由控制，因此，這是今日通稱的自我控速的學習方式。

簡言之，文納特卡計畫的特徵是打破嚴格的班級年級限制，採用單元教學設計的方式，允許學生自我控速的學習，直到通過成就測驗為止。

第三節　道爾敦計畫

一、道爾敦計畫的源起

　　道爾敦（Dalton）是美國麻塞諸塞州的一個小城，道爾敦計畫（Dalton Plan）即是指一九二〇年在該地的道爾敦中學（Dalton High School）所施行的一種教學實驗，創始人是派克赫斯特女士（Helen Parkhurst）。

　　派克赫斯特女士於一九〇七年自威斯康辛師範學院畢業後，曾在當地的小學任教。在任教期間對於當時的學校課程、教學及制度上的缺失即思予改革，因而有「實驗室計畫」（Laboratory Plan）的主張。

　　一九一四年她前往義大利羅馬大學研習「蒙特梭利教學法」，次年回到美國的舊金山州立師範學院任教。在此期間也受到當時的校長柏爾的個別化教學主張的影響。

　　在一九一九年九月，派克赫斯特前往麻州一所實施不分年級制（nongraded）的肢體殘障兒童學校實驗她的教學主張，亦即「實驗室計畫」，視學校為「社會實驗室」。在此地的實驗頗為順利並引起廣泛的重視。一九二〇年並在道爾敦中學繼續實驗，而改稱為「道爾敦實驗室計畫」。隨後她前往紐約市創立道爾敦學校（Dalton School），親自實驗她的教學改革計畫。

二、道爾敦計畫的實施方式

　　道爾敦實驗室計畫即根據柏爾的自我練習、自我測驗和校正的個別學習原理加以修正而來。因此，在學校組織上也都打破年級學限制，以適應學生的不同學習速度。

　　道爾敦計畫將課程分成學術性課程和職業性課程。學術性課程是強調學生依個別速度自由學習不受干擾；職業性課程則是以小團體學習方式，包括各項職業性的、社會性的及身體的活動。

　　道爾敦計畫中的學術性科目又依據其是否適合個別學習的程度分成主科和副科。主科有數學、科學、英文、歷史、地理、外國語等，副科有音樂、藝術、手工、體育等。派克赫斯特認為初行道爾敦制的學校，首先要從主科試行，然後再逐漸推廣到次要學科。

　　道爾敦計畫的實施必須要佈置實驗室或作業室。每一學科都有一間實驗室，在實驗室裡有各該科之參考書籍和設備，也都有專門的教師可以協助學生。學生可根據自己的學習計畫，自由地到實驗室去自學。

　　其次，教師要在學年開始時把一年的功課告訴學生，然後與學生訂立合約，通常是每月一合約。在這月約之中詳細規定了學生每月所要完成的各科作業量。通常一門學科在一天之中所要完成的作業量即稱之為一單位（unit）。今日美國中學各學科大致仍沿用單位來表示學科的分量。由於學生程度的不同，每位學生的合約也不相同。在前一月的合約完成後，學生必須

通過考試才可簽訂次月的合約。學生的進度都繪成圖表，教師及學生雙方都要檢討進度。

道爾敦計畫的特色可歸納如下：(1)強調學生的自學，教師只在必要時提供協助；(2)學生必須依自己速度學習，不受其他人的干擾或影響；(3)也不受傳統上課時間表的束縛；(4)合約制可使學生了解自己的作業，可以培養學生的責任感。

道爾敦計畫在派克赫斯特的推展之下，也引起了世界上許多國家的重視。在英國、荷蘭、中國也都受到影響而設有「道爾敦學校」。

待答問題

1. 赫爾巴特所處時代的學校教育概況。

2. 闡述赫爾巴特的教育性教學的意義。

3. 五段教學法在今日中小學校教學的適用性為何？

4. 比較文納特卡計畫與道爾敦計畫的異同。

第 5 章

凱勒計畫

第一節　凱勒計畫的起源

　　美國哥倫比亞大學的心理學教授凱勒（Fred S. Keller）在一九六〇年代提出的個人化教學系統（Personalized System of Instruction，簡稱 PSI），又稱為凱勒計畫（Keller Plan），這是一種強調學生自學的個別化教學模式。雖然凱勒計畫與三〇年代的文納特卡計畫及道爾敦計畫的主張有許多類似之處，但凱勒與華虛朋及派克赫斯特等人並無淵源。凱勒計畫的緣起應是凱

勒鑑於當時大學階段的教學方法有許多缺失，遂應用心理學的原理謀求改進大學的教學。但凱勒的主張可說是受到行為主義心理學家施金納（B. F. Skinner）的增強原理和編序教學原理的影響。

凱勒曾於一九六二年應聘至巴西大學協助創設心理系，在那裡與巴西大學的兩位心理學教授阿茲（Rodolfo Azzi）及波里（C. M. Bori）開始計畫進行教學實驗。一九六五年，凱勒在亞利桑那州立大學擔任普通心理學課程而與同事謝爾曼（J. G. Sherman）進行此一新式的教學法實驗，隨即引起廣泛重視。

在一九六八年的美國心理學會年會上，凱勒發表「教師，再見！」（Good-Bye, Teacher）的演講，正式提出 PSI 的教學理論。此後，PSI 開始發展到其他大學的許多學科的教學上。後來聯合國教科文組織（UNESCO）也贊助在世界一些國家舉辦 PSI 的研習討論會，這些國家包括巴西、委內瑞拉、智利、阿根廷、墨西哥、德國、荷蘭、日本、韓國及印度等。我國則由作者於一九八四年首先應用於大學的教學中，第二年開始在國中進行為期三年的實驗。

第二節　凱勒計畫的基本架構

凱勒在「教師，再見！」文中指出凱勒計畫具有下列六項有別於傳統教學的特徵，而由這些特徵中可以了解其基本架構。

凱勒的教學模式主要包括下列六大架構：⑴學生「自我控

速」；(2)熟練標準；(3)單元考試和成績評量；(4)立即回饋；(5)助理制度；(6)書面學習材料。以下即分別加以說明。

一、學生「自我控速」

　　凱勒教學模式的特色之一即是允許學生依其性向、能力、時間及其他條件去決定學習之進度。凱勒認為學習是一種個別的而非團體的活動。傳統的錯誤觀念認為全班學生在學習方面都相同，但事實上卻非如此。有些學生學習速度快，有些則較慢。學習能力較弱的學生可能必須用較多的時間才能達成，而學習能力較強者，所用的時間會較少。

二、熟練標準

　　凱勒本人對於每一單元的熟練度要求極嚴，必須達到百分之百的完美程度。後來許多的應用者所修正的標準大約為百分之九十的熟練度，學生若通過單元考試即表示已達熟練標準，若未通過，即表示未達熟練之要求，就必須重新學習原單元教材，直到自認熟練後再參加該單元考試。每位學生在達成單元熟練所需的時間各自不同，但最後應該都能達到預期的目標。

三、單元考試和成績評量

　　凱勒主張將整個科目的教材細分成許多小單元，每一單元皆有評量考試。單元考試是屬於「形成性的評量」。除了單元考試之外，凱勒也希望所有的學生都參加期末考試，這是對於全學期課程的一種總結性評量。除了某些特例，通常所有的學

生期末考試是在事前定好的期末考時間同時進行。此一考試將
包括一部分曾經考過的各單元試題。凱勒並規定期末考試的成
績佔學期總成績的百分之二十五。其餘百分之七十五則是單元
考試和實驗課或其他指定作業的成績。這種成績的評定是標準
參照的制度，如果所有的學生都符合教師事先規定的成績計算
標準，則所有學生的成績都應相同。

四、立即回饋

　　凱勒認為學習之後能讓學生立即獲知其成績表現，會有助
於學習成效的提升。如果一直不知道自己的學習表現或者知道
的時間延遲太久，可能會失去補救或更正的機會，對於日後的
學習也會有不良影響。

　　在凱勒的教學模式中，設有助理來批改評量試題以使學生
能立即獲知評量考試是否通過，如果沒有通過，助理將會指出
學生錯誤所在，使學生能即刻知道正確答案。如果通過了，學
生會由此而獲得立即的增強，對於下一單元的學習也會有幫助。

五、助理制度

　　根據凱勒原先的構想，助理除了擔任客觀的評量者並使學
生得到立即回饋外，另一項功能是作為一對一的學習指導者並
回答學生各項問題。

　　助理通常是由曾經修習過該科目的學生或由班上學習進度
較快的學生擔任。助理必須對該科目教材內容和問題都很熟練。

　　助理在學生考完單元考試時，就會立即根據教師所提供的

標準答案進行批改。助理另一項任務是將每位學生的進度作詳細的記錄，並且經常向教師報告學生的學習情況。

六、書面學習材料

在凱勒教學模式中，教師幾乎不講述，只是輔助者和經理人的角色，教師事先要提供書面的學習材料給學生自學。學習材料包括給學生的「學習指引」、指定閱讀的教科書及作業等。

學習指引則包括各單元目標的明確敘述、教材內容的分析及示範練習題等，這些都是學生自學的重要指引。書面學習指引和教材的系統編排是凱勒教學中極重要的工作。如果書面學習材料無法在開學前準備完成，凱勒計畫將很難施行。

第三節　凱勒計畫的實施方式

凱勒的教學過程與一般的教學有別。它強調的是由學生自己根據書面教材學習，並且自己決定學習進度。採行凱勒式教學，教師幾乎不講課，完全由學生自我學習直到自認熟練後即可在固定上課時間要求參加評量考試。因此，學生可在任何地方學習，可利用任何時間學習，凱勒的教室主要是作為領取教材和參加評量考試的場所。在凱勒的教室裡很少看到像傳統班級上課的情景那樣，由教師面對全班學生進行講述的教學。

教師在第一次上課時要先向學生說明此種教學模式進行的方式、評量要求、教材範圍、成績計算等事項。第二次上課時

就以學生評量考試爲主要的教學活動。學生參加評量考試，通常只需要十五分鐘時間即可考完，考完後由教師或助理立即批改，如果通過熟練標準，教師會向學生道賀，此時學生可決定繼續參加下一單元考試或立即離開教室去做其他活動。假如學生未能通過單元評量時，教師會指示學生錯誤之處，學生即需離開教室再去準備原單元，等到下一次上課時段再來參加該單元之評量考試。

在凱勒的教室裡，學生可在上課時間到教室參加考試，或與教師討論問題，不像在傳統班級裡受到上課時間的約束而必須等到下課鐘響才能離開教室。在凱勒的科目裡，完全由學生自由決定是否要到教室參加評量，教師並不硬性要求學生在每次上課時間都要到教室裡來。凱勒指出，學生是主角，教師只是教學系統的成員之一而已。具體而言，教師的職責包括下列五項：

1. 提供完整的教材。
2. 提供學習指引，包括教材內容的分析及問題的提示等。
3. 編製多套的單元評量試題。
4. 擔任少許的講述、演示或主持討論會。
5. 解答學生各種學習的問題。

第四節 凱勒計畫在我國的實驗

凱勒計畫在美國及其他國家應用時大都經過修正，而不是純粹的 PSI。可見，凱勒教學模式也無法全盤移植至我國，必須根據我國的國情及學校環境作適當的修正。

凱勒的教學計畫最早在我國的實驗是由作者於民國七十三年九月起，在國立高雄師範大學夜間部教育系及教育研究所教育人員週末進修班的「課程發展研究」科目上首先試行。其目的是希望能養成學生獨立自學的習慣和能力，藉以改正傳統教學法所養成的學生依賴教師學習的缺失。

民國七十四年二月起將凱勒計畫應用至國民中學階段。作者及高雄師大之同事與高雄縣教育局合作進行實驗，選定高雄縣鳳山地區的忠孝、鳳西、鳳林及林園等四所國中二年級各一班學生進行實驗。實驗科目包括數學、化學、物理及英語等。

民國七十四年八月又選擇國立高雄師範大學附屬中學的國中部一年級資優班學生一班進行數學科的實驗，同時選定鳳山國中一年級資優班學生為控制組。此一實驗工作共計三年完成。實驗的初期目標主要是在了解學生、家長、教師對凱勒教學模式的適應情形及所遭遇的各項難題，以便作為研訂出適合本國教學環境的凱勒教學模式。此一階段以發問和討論來激發學生在教室內的主動學習精神。其次是逐漸減少教師在每一節課講述教學的時間，預期教師的教學減少到只佔上課時間的一半，

而逐漸增加學生發問、討論和自學的時間。

由於國中學生已養成依賴教師之學習習慣,因此,在國中階段之實驗仍必須由教師承擔一半的教學職責,這是屬於教學指導下的自學。在本國之中學教育環境下恐無法完全由國中學生自我獨立學習。作者在大學及研究所階段之教學實驗則與在國中階段的實驗方式有些不同,比較接近美國大學所採行的方式,全由學生決定其學習的速度和時間。

待答問題

1. 分析凱勒計畫所根據的心理學原理。

2. 闡述凱勒計畫的基本架構。

3. 描述在凱勒計畫中學生學習的狀況。

4. 描述在凱勒計畫中教師教學的狀況。

5. 凱勒計畫在我國中學的適用性為何?

第 6 章

精熟教學

　　精熟教學（mastery teaching）與精熟學習也是教學領域的重要課題。此二名詞也常互相通用。精熟意指熟練，強調學生的學習程度要達到相當的熟練地步，則學習的成果愈能持久、愈有效果。倡導精熟教學的學者可以美國的學者莫禮生（Henry C. Morrison）、卡羅（John B. Carroll）以及布魯姆（Benjamin S. Bloom）三人為主要代表。

第一節　莫禮生的精熟公式

　　莫禮生（Henry C. Morrison, 1871-1945）曾任美國芝加哥大學的教授，他的教學主張對美國一九三〇年代的中學教育有極大的影響。他的教學理論稱為精熟（mastery）或熟練的理論。

　　他認為所有的教學結果都是在達到「精熟」的要求，而不只是在「記誦」事實而已。因此，教師必須使學生對於「單元」都徹底的達到熟練程度才算完成教學任務。他所提出的「精熟公式」（mastery formula）包括下列各項步驟：

> 「預測驗→教學→測驗教學結果→
>
> 　修正教學程序→再教學→再測驗→精熟」

　　莫禮生所提倡的教學法通稱為單元教學法。此種方法特別強調「單元」的熟練。他認為各科都要分成不同的單元（units），每一個單元都要能使大多數學生達到精熟的階段。不過，莫禮生當時所稱的「單元」與今日所通用的「單元」在意義上並不相同。對莫禮生而言，單元是一種心理學的名稱，是指心理的「類化」（generalization），及相關的事實（facts）。一個單元必須是在所有的學生都徹底了解了「類化」，即事實的起源、可信的程度及未來的各種可能情境之後，才能算單元已經全部完成了。

例如「代數」一科包含許多單元，每一個單元都可以被多數學生在短時間內學會。但其他科目，例如「外國語」可能只包括一個單元。則多數學生必須整個學科全部熟練之後才能去加以應用。因此，對莫禮生而言，一個單元可能需要從一節課到好幾年的時間才能達到精熟。上述精熟公式必須按照學科的目標和性質加以調整。

第二節　卡羅的學校學習模式

卡羅在一九六三年提出「學校學習模式」（A model for school learning）的理論，對於「精熟學習」的理論發展有重要影響。

根據卡羅的性向觀點，如果給學習者他所需要的學習時間，而學習者也真正適當地花了那麼多的時間去學，則學習者應該可以獲致某種程度的學習成就。如果上述兩要件缺其一，則學習成就會較低。

卡羅的觀點和早期一些心理學家對於性向的見解有所不同。傳統上，「性向」被視為學習的「潛能」，也就是學生學習某一學科所能達到的水準。凡是性向高者，學習成果也會比較「好」。至於性向低者，其學習成果也較「差」。簡言之，每個人因其性向之不同以致學習成就會有「好與壞」之別。

卡羅則認為性向只是學習速率（learning rate）的指標，而不是學習成就（learning level）的指標。學習某一學科「性向」可視為學習者學習該科目教材到某一水準所需的「時間量」。

他認為所有的學習者都能達到某種學習成就，只是每個人所需要的「時間量」不同而已。具有某種性向的學習者只要短暫的學習時間即可學好，而具有其他性向的人則需要較長的時間才能學好。雖然每個人之性向不同，但是只要給各人適合其需要的時間，大多數人都會達到相同的成就。因此，卡羅的性向觀認為學習只有「快與慢」之別而已。

卡羅在其學校學習模式中提出下列兩項公式來說明學習者的熟練程度。

〈公式一〉

$$學習程度 = f\left[\frac{學習者用在學習的時間（time\ spent）}{學習者應該要使用在學習的時間（time\ needed）}\right]$$

根據上列公式，如果學習者真正用在學習的時間等於他「應該」要用在學習的時間，學習即達精熟程度，如果所花時間少於所需時間，則學習程度就不相同。

卡羅另又指出影響上述兩種「時間」的各種因素。影響學習者用在學習的時間因素有二，即「學習的機會」、及學生的「毅力」（perseverance）。至於影響學習者應該要使用在學習的時間因素有三，即「學習的速度」（性向）、「教學的品質」和學生對該科「教學的理解」。綜合上述各項影響因素，則公式一可以化為公式二的形式（Guskey, 1985）：

〈公式二〉

$$學習程度 = f[\frac{(1)學習的機會 + (2)毅力（願意去學的時間量）}{(3)學習的速度（性向）+(4)教學的品質 + (5)教學的理解}]$$

　　從上述二項公式可見影響學生學習的主要因素有五，即：

　1. 學生對於某一類學習的速度性向。

　2. 教師的教學品質。

　3. 學生對於教學的理解能力。

　4. 學生的學習毅力。

　5. 學習的機會或時間量。

　　根據卡羅的「性向」觀點，教師必須知道每一位學生的學科性向的高低，然後允許學生依照他所需要的時間量去學習，則每一位學生都可到達「熟練」的程度。因此，卡羅的精熟教學主張讓學生依其「速度」和「時間量」去學習。

　　傳統的學校教學為所有學生設定相同的目標，採用相同的教材和方法來供學生從事學習，其目的是想保證教師的教學品質會相同，學生的學習成果也會相同。但根據卡羅的觀點，不同的學生需要有不同的教學方法才能到達熟練，有的學生可能需要用講述法，有的要用討論法，有的則可能要靠電腦來輔助其學習。因此，卡羅認為必須找出學生的學習特性，然後儘可能採用合於學生能力和時間的教學方法。

　　至於影響學生「對教學的理解能力」的因素，根據卡羅的觀點是指學生的「普通智力」（general intelligence）和「語言能

力」（verbal ability）。前者與學生對於書面教材內容的學習能力有關，後者則與學生是否了解教師的語言表達有關。

　　學生的學習毅力是從他願意去學習的時間量來判斷。教師都知道學生用特別多的時間去學某一學科，通常表示他對該科很有興趣或者有能力去學好。反之，如果學生所花的時間很少或者不願意花時間去學習，則顯示出他對該學科不感興趣或者是有較低的性向。

　　學生所能擁有的學習機會愈多，就愈有機會克服困難而獲得學習的成功。因此，教師的教學在找出學生的困難所在之後，應該讓他有較多的時間去學習。特別是對於學習遲緩的學生，教師應該找尋更多的機會，允許他依自己的速度去學，而不強求其與班上其他學生一致。

第三節　布魯姆的精熟教學理論

　　卡羅的精熟教學理念由於另一位教育學者布魯姆及其弟子之倡導，而被廣泛地應用到中小學及大學階段的教學上。

　　布魯姆與卡羅一樣，對於性向持著樂觀的看法，他認為假如性向可以正確地預測出學生學習某一項任務的速率，就有可能設定出學生被預期達到的精熟水準。他認為影響學生的學習成敗有兩類因素，一類是「穩定的變項」，例如智力、社經地位；另一類是「可改變的變項」，例如認知及情意的起點行為與教學品質等變項，都是屬於可改變的變項。認知的起點行為

是指學習者在學習某一特定任務之前所具備的基礎知識和技能等。情意的起點行為則指學習者對學習任務的興趣、態度、自我觀念等。布魯姆的兩大類變項與學習的關係如下圖所示。

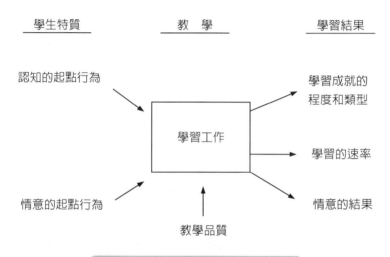

圖 6-1　布魯姆的學習變項關係圖

　　布魯姆特別重視影響「教學品質」的因素。教學成效的好壞與學生的性向、對教學的理解力、學習的時間量、教材的安排、教學目標等都有密切關係。

　　他認為沒有任何一種教學方法能適合全班學生的學習需要，每一位學生可能要有不同型態的教學方法，每一位學生都應有符合其學習能力的目標。此外，所有的學生也都有各自的學習速度，因此在教學上更不宜強求一致的速度。

　　布魯姆認為實施精熟教學的步驟如下：

1. 教師必須先擬定與學習任務有關的教學目標。
2. 教師應先將教材分成許多單元，並擬定每一單元的具體學習目標。
3. 教師應在每一單元教學結束後舉行診斷測驗並給予回饋。
4. 教師應安排兩三位學生組成小組去檢討考試結果，並相互幫忙改進。
5. 教師應提供其他的學習機會，如充實活動或補教活動。

　　教師的教學是依照事先編好的單元教材順序進行，通常每一單元教材的份量約需一至二星期才能教完。教師在每一單元教完之後，即對全班學生施行該單元的測驗。這種測驗是屬於「形成性測驗」，可以診斷學生的學習情形。每一單元都編有多套的測驗。

　　學生通常自行校正測驗結果，凡是達到教師事先所訂的熟練標準的學生，就可以參加教師充實學習活動。凡是未達熟練標準的學生，則須找出自己的錯誤所在，並重新學習原教材，然後再參加該單元的第二次測驗。如果學生再次未能通過，則教師可安排學生另外的學習活動，但此種活動通常是利用其他的課餘時間進行。教師下一單元的教學不因少數學生的未熟練而延緩。如此各個單元循序進行，直到全部單元教完爲止。

　　採用精熟教學，學生的成績不相互比較，而是以每位學生是否達到單元測驗所定的標準來決定。單元測驗通常要達到百分之八十至九十的熟練標準。在全部單元測驗之後另安排總結性測驗，成績達到或超過熟練標準則稱爲精熟者，給予 A 等第

成績。若未達標準則稱爲未熟練者或未完成者，依照傳統方式以其總結性測驗分數的高低分別給予B、C、D等較低的等第。精熟教學的成績評量原則大致可歸納如下：

1. 每位學生的成績要達到教師事先決定的熟練標準。凡是達到此一標準的學生，即得 A 等成績。
2. 得 A 等成績的人數沒有限制，因此可能全班都得 A 等。
3. 每位學生的成績不與其他學生成績相比較。
4. 未達到標準的學生必須參加補救學習。

　　我國教育學者毛連塭提倡精熟教學的理念，並在國民小學實際進行教學實驗。實驗的結果也證明此一教學有其成效，但學校教師在採行精熟教學法時必須獲得學校行政上的支援才易施行。

待答問題

1. 說明莫禮生的「單元」與今日常用的單元意義有何區別。

2. 說明性向、能力與興趣的意義。

3.估計自己每節課眞正用心學習的時間。

4.分析卡羅的學校學習模式中對於「時間」的見解。

5.比較精熟教學與凱勒教學模式的異同。

第7章

適性教學

　　人類的個別差異性表現在身心兩方面。在外在身體特質的差異性較顯著的是在視覺、聽覺、語言、肢體等方面。特殊兒童就是在這方面明顯地異於一般正常兒童，而顯現其特殊性（exceptionality）。而正常兒童在身體特徵方面也沒有兩人完全相同，其身體發展的速度也有快慢之別。

　　內在心理方面的差異性較不易被發現，但卻不容被忽視。

根據心理學家皮亞傑（Jean Piaget）的觀點，認知發展雖然都經過四個發展階段，但各人發展的快慢卻不一致。此外，內在心理方面的差異往往還因社經背景、性別、文化環境刺激等因素的影響而造成人格、行爲和學習能力上有所差異。

但是，不管兒童們存在著多少的個別差異，在人類本質上都相同。正如盧梭（J. J. Rousseau）所稱：「人生而平等」。因此，人類平等性使得沒有任何一位兒童比另一位兒童具有較多或較少的人類本質。

這種人類的「相同本性」——正如屬於生物上相同種類（species）的成員——意指每個人都具備人類所共有的明顯本質，也都具有相同的遺傳傾向和能力，但事實上每個人擁有的這些共同特質在程度上都會有些差異，遂使個人都成爲獨特的個體。個別差異只是程度上的差異（differences in degree）而不是種類上的差異（differences in kind）。人之不同，各如其面，人與人之間都存在著各種的差異，例如興趣、智力、性向、動作、人格、理想、經驗背景、抱負、夢想及希望……等方面。在學習上，學生更是以其獨特的學習方式和速度在學習。因此，教師的教學必須對於學生的各類身心特質有所了解，換言之，必須對學生的個別差異有充分的認識，才能進行有效的教學。

第二節　適性教學的意義

適性教學（adaptive instruction）是指爲適應個別差異的特性，教師採取各種合適的教學策略、調整學校的學習情境、提供多樣性的學習資源，以提供個別學生適合其需求的學習經驗之意。

適性教學之基本原則是允許學生使用不同學習方式、速度去學習。學生在適性學習環境裡受到鼓勵去使用各種資源，例如教材、教師和同學之指導等以協助其學習，然而在傳統教室裡則非如此，通常唯一的型式是只有教師之講述，聰明的學生必須自行調適，另覓補充資源或與同學討論以完成課業。教導學生適應多種環境與調整環境來適應學生是一樣的重要，而讓學生經驗各式各樣的環境能夠產生較長遠的效益。

適性教學之實施可以增加學生用於學習的時間以提昇其成就，並增加教師用於教學的總時間。有效教學不僅需要兼顧各種教學程序和學習經驗以適應每名學生之個別需求，並應提供所有學生充裕的學習時間，使與學生特質相配合，以便充分發揮學習成效。

要了解適性教學的意義，還可從其與個別教學、團體教學的關係來分析。首先就「個別教學」而言，它是指由教師以一對一的個別方式教導學生的一種教學型態，這是最早期的教學型態，可以充分地適應個別學生的學習特性和需要。但是在學

校興起、班級制度出現後，學校的教學已不可能為每一位學生安排一位教師進行「個別教學」。因此，為了適應學生的個別差異並突破班級情境的束縛，而有「個別化教學」（individualized instruction）的主張。

傳統上，班級教學大都是集合多數學生為一班施以團體式的教學，每班學生人數往往視學校各項條件而有不同。我國中小學班級人數在四十至五十五人之間，美國則在二十至三十人之間，每班教師則為一人。因此，在班級團體教學情境中，教師很難在同一教學時段顧及每一位學生的差異。此外，班級教學的實施，基本上是期望能提供所有的學生相同的課程和教材，施以相同的教學方法，採取相同的進度，以達到相同的教學目標。因此，在班級教學中，教材被視為能夠符合所有學生的程度和需要，教法也可適應每位學生的學習型態，當然，每位學生的學習速度也要一致。

事實上，由於學生「個別差異」存在的事實，在班級教學情境中，學生的個別差異程度極大，尤其在強調實施「常態編班」的國民中小學裡，大多數的教學只能以中等程度的學生為主，對於智商處於正負兩個標準差以外的特殊學生就難以兼顧其學習特性和需要了。因此，在班級團體教學型態中，資優學生和智能不足、學習障礙及其他特殊兒童的損失最多。因此，為了適應學生的個別差異並突破情境的束縛，而有各種「個別化教學」的主張。

因此，個別化教學並不拘泥於形式上要一對一，它可以是在班級情境中，由一位教師針對全班學生的獨特性和差異性設

計的教學或學習計畫，包括課程、教材、教法、評量等方面，亦即提供「個別化教育方案」（individualized educational program，簡稱IEP）。較著名的一些適性教學方案例如彈性課表、凱勒計畫、精熟學習、合作學習等，這些教學方案雖較傳統的團體教學複雜而富挑戰性，但是這些適性教學方案在各種情境下都有其獨特之成效。

第三節　適性教學的策略

適性教學的策略可以歸納為下列四種：(1)調整學生的學習速度；(2)提供多樣性的教材內容；(3)調整評量的標準；(4)調整教師角色與任務。

一、調整學習速度

在班級教學中，由於課程和教學的設計，使得學生的學習進度保持一致，因此教師必須調整學習速度較快及遲緩學生的學習時間，才能適應他們的需求。

在適性教學模式中，例如凱勒計畫即允許學生依照自己的速度去學，此即學生控速（student self-pacing）的方式；有些則提供額外的時間供學生自行練習或由教師提供補救教學；有些模式則允許少數學習能力較高者可以提前學習較高階段的課程。

教師在教學中，為了達到適應個別差異的需要，可以允許能力較高者自我控速，以期加速學習。提供學習遲緩者補救教

學活動，並另訂學習目標和要求。對一般程度學生仍採由教師控速（teacher-pacing）的方式。

二、提供多樣性教材

有些適性教學模式偏重於教材的設計和編製。通常將教材細分成許多單元，並編製成不同程度的多套教材。有些模式另編有自學教材、練習教材、補充教材、補救教材等供學生選擇使用。這些多樣性的教材編製需有龐大的人力和物力支援才能完成。對於班級教師而言，實屬不易。

因此，教師在班級教學情境中要顧及個別差異，可以指導能力較高學生利用圖書館資源自行閱讀相關的圖書及參考資料；對於程度較低學生則簡化教材份量和內容。

三、調整評量的標準

在我國班級教學中，一般教師在教學評量上可以對於能力較高學生允許免上部分學科和作業要求，另訂個別獨立研究計畫和評量測驗之標準；對於學習明顯有困難之學生另訂學習計畫，根據其能力擬定適合程度之目標和進度。

四、調整教師角色與任務

在適性教學模式中，教師的任務在提供各種教材、擬定學習規範、準備評量試題或主持考試等。在我國中小學教育環境裡，教師是知識的主要傳遞者，學生則因長期依賴教師而形成被動學習的態度。教師在整個教學活動中扮演著主要的角色。

若要因應個別化教學的需要，教師應減少其權威色彩，保留更多教學時間給學生主動學習，教師的任務則以編寫學生的補充教材、擬定學習指引或提供學習困難學生的補救教學為主。

待答問題

1. 分析人類本質上的差異性。

2. 分析「適性教學」、「個別化教學」與「個別教學」的意義。

3. 在班級教學中，允許學生自我控速的策略為何？

4. 在傳統上，班級教學的理論依據為何？適性教學的依據又為何？

第 **8** 章

教學歷程

第一節　教學歷程的意義

　　現代的教學活動是一複雜、連續的歷程，涉及了教師、學生、學習環境、課程、教材、方法、評量等因素，這些因素彼此相互影響。在教學活動歷程中，教師和學生扮演了主要的角色。在我國學校教育中，教師的任務更為重要。教師在課堂教學活動開始之前、實際進行教學之時，及教學結束後的全部過程中，主要的任務即在有效地處理這些教學的相關因素，或稱

之爲教學事件（instructional events）。

　　教學事件除了課前的「教學計畫」活動外，有些是發生在
教室內，有些則是發生在教室外。發生在教室內的事件通常與
教師本身的教學直接相關，且須由教師親自處理，可稱之爲基
本的教學活動或事件；至於發生在教室外的教學事件通常與教
師的教學沒有直接關係，但卻需要由教師去參與，這些外在事
件較偏向於「學校行政」方面的活動，往往需要更多的時間去
處理。簡言之，教學活動主要有下列五項：(1)擬定教學計畫；
(2)準備教材；(3)激發學習動機；(4)班級經營管理；(5)進行學習
評量。

　　以上五種主要的教學事件彼此並非是孤立的事件。教師面
臨這些事件的處理可說是一連串思考（thinking）和作決定（de-
cision-making）的歷程，教師的決定可以視爲教師主觀思考後的
結果。有些決定是在進行實際教學之前即須完成，這是指教師
對於未來教學活動的計畫，稱之爲「前教學決定」（preinstruc-
tional decision）（Borko, et al., 1979）。例如對有關學生的特性，
如動機、興趣、人格特質等，以及各種可供選擇的適當教學策
略、教材、教具的運用方法等，都有賴教師在教學前事先加以
思考並作決定。教師每週花在教學計畫的決定大約十小時。

　　另外有些決定則是在教學進行之中對於教室現場活動的思
維及決定。此種決定稱之爲教師的「互動決定」（interaction de-
cision）。此一階段的決定引導著實際的教學行爲。教師常要在
動態的教學情境中隨時作決定，大約平均每二分鐘就會作出一
項決定。教師在互動決定過程中，主要的心思是在學生因素上，

其次思考的是教學策略、內容等。事實上，在整個教學歷程之中，教師如何「思考」、如何「作決定」，對教學成效影響極大，這也是教學領域內值得探究的課題。

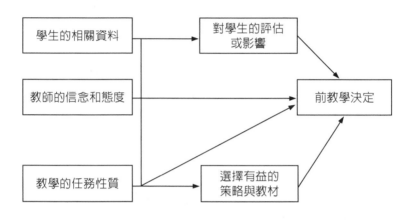

圖8-1　教師的「前教學決定」模式

第二節　教學前的準備活動

在前述五種基本的教學事件中的前二項，擬定教學計畫和準備教材都是屬於教學前所必須準備的活動。

教師教學之前首先要準備的工作即是擬定教學計畫。一般而言，教學計畫以單元計畫（unit plan）及每課計畫（lesson plan）爲最切合一般教師的教學需要。教學計畫的內容、格式將在另一章詳加敘述。

　　在教學單元計畫中通常包括預期學習目標的敘述、所要採取的教學方法、所要提供的教材內容及學習成果的評量方式等。教學目標的決定通常是指各學科的單元教學目標。一般而言，教學目標要兼顧認知、情意及動作技能、態度等領域。由於每一種學科或單元的性質不盡相同，教師在決定各單元教學目標時也就會有所偏重。

　　至於教材的準備方面，在我國中小學教學情境中，教師大都根據教育當局所指定的教科書內容從事教學。教科書出版商同時編有各學科的「教師手冊」或「教學指引」，可做為教師在教學前「備課」的主要依據。由於教學指引都涵蓋整冊教科書內容，教師若能事先熟悉教學指引，對於教學將有很大的幫助。教學指引的內容大致包括下列幾部分：

　　*1.*學科教學目標
　　*2.*課文重點分析
　　*3.*課文背景及參考資料
　　*4.*教學活動流程、時間分配
　　*5.*教學評量範例
　　*6.*習題解答

　　其次，教師在課前應將教材內容依據預訂的教學計畫作系統的安排，至於教具和相關儀器更應事先準備好。教師應事先熟悉各種教具的操作使用方法，才能充分發揮教具的輔助功能。有關「教科書與教材」的詳細內容將在本書另一章敘述。

第三節 實際教學行為分析

　　教師在進行教學活動初期的一項重要工作是引起學生的學習動機。教師可利用各種激發動機的策略來使學生進入學習的預備狀態，亦即具備學習的心向（set），才能使學生更有效地學習新教材。

　　在正式進行教學時，教師對於各種影響教學成效的變項（variables），必須有效控制和處理。例如，教室環境佈置、學生座位安排、教學媒體的應用、教室管理問題的處理及師生之溝通和互動等。

　　在實施教學時，教師會表現出各種教學的行動（acts of teaching）。這些行動與全部教學歷程中的各項任務的實現都有關係。美國教育學者海曼（Hyman, 1974）曾觀察一位舞蹈教師在一星期之中所採取的各項教學「行動」，加以歸納而分為三類：

一、邏輯性的行動（logical acts）

　　這是教師思考和決定過程中所涉及的行動，包括：(1)演繹；(2)歸納；(3)解釋；(4)比較；(5)判斷等。教學活動即由這些邏輯性的行動所導引。

二、策略性的行動（strategic acts）

這是指各項有關教學方法及技巧方面的行動，包括：(1)發問技巧；(2)引起動機建立心向；(3)評量考試；(4)表達技巧；(5)教室管理等。

三、學校性的行動（institutional acts）

這是指涉及學校行政方面的各項活動，包括：(1)參加教學研討會議；(2)撰寫會議記錄報告；(3)巡堂等。

由於每位教師任教科目和方法的不同，教師所可能採取的「行動」自然會有異同之處。而在上述三類教學行動中，無疑的要以前兩類涉及教師的邏輯性及策略性行動才是教師在作教學思考或決定的重心所在。也因此，教師有可能在一天之中不會涉及從事「學校性的行動」，例如出席會議，但他在教學時卻一定隨時在從事各種邏輯性或策略性的行動。

若以我國中小學校的實際教學情境為例，教師所要參與的內外在教學活動及事件極多。其來源包括校內各單位，如教務處、輔導處、總務處、人事室等；而來自校外的單位更廣，其中以教育行政機關居多，其次是教師研習中心、師範校院。而教育以外之單位有社會局、鄉鎮公所、衛生局等。根據作者的研究發現，教師所參與的各項校內外活動事件範圍，可歸納成下列八大類（林寶山，民82）：

1. **教師進修類**：指可增進教師教學或行政知能的研習活動。

例如：九年一貫課程研討會、專題演講、觀摩教學等。

2. **學校行政類**：指行政單位為協商或報告教學與行政工作的會議。例如：校務會議、教評會、朝會、學年主任會議、各科教學研究會議等。

3. **教學評量類**：指對學生進行各學科測驗。例如：數學科段考、性向測驗等。

4. **事務工作類**：指配合教學所從事的學校庶務工作。例如：教師代收學雜費、發放教科書等有關事宜。

5. **藝文活動類**：指學生的學藝競賽與研習發表、觀賞等。例如：戶外藝術表演預演會、樂隊組訓、合唱團訓練、教室佈置比賽等。

6. **體育休閒類**：指學生體育競賽、校慶及運動會、足球、棒球比賽、露營、畢業旅行等。

7. **節日慶典類**：因應國家節慶所舉辦的活動，例如：國慶紀念慶祝會、開學迎新會、教師節聯誼會等。

8. **親職活動類**：包括母姊會、家庭訪問等親職活動。

在上述八大類活動中以體育休閒類居最多，對於教師的正常教學影響最大，經常造成停課、補課、調課等情況。如果發生在校內的各類活動太多，涉及的班級數太多，會使得整個學校既定的行事曆必須有所調整，教師更無法照預定的計畫進行教學活動。

1. 教師的教學活動包括哪些步驟？

2. 教師的教學思考和決定之主要內涵為何？

3. 教師每日的教學策略性行動有哪些？

4. 實際干擾我國中小學正常教學最主要的是哪些活動或事件？

第 9 章

擬定教學計畫

一、教學計畫的意義與功用

　　正如同建築師在建築房屋之前要先設計建築藍圖一樣，教師在進行教學之前亦須對整個教學活動規劃出一完整詳細的計畫，亦即「教學計畫」（instructional plan）。從教師所擬的教學計畫中就可以知道教師所要達成的「目標」、他所「決定」

的教學「內容」和所要採取的「方法」。擬定教學計畫是教師
在課前的一項準備工作,也是教師在教學活動進行之前周密教
學思考、作決定的結果。簡言之,教學計畫是教師「前教學決
定」(preinstructional decision)的書面藍圖。

教學計畫或教案的功用有下列六項:

1. 教學計畫可增進教師對教學的信心、減少焦慮。

2. 教學計畫可增進教師對於教學活動流程的了解。

3. 教學計畫可協助教師有系統地組織教材、準備教具、掌
控時間。

4. 教學計畫具有組織各種知識概念的功用。

5. 教學計畫可供第三者了解班級教學活動的進行狀況。

6. 教學計畫可供學校行政人員作教學評量的效標。

二、教學計畫的類別

教學計畫可依教學時間的長短及所包括的教材範圍分成下
列五類(Martin, et al., 1988),即(1)每課計畫或每日計畫(Lesson
plan or daily plan);(2)每週計畫(Weekly plan);(3)單元計畫
(Unit plan);(4)學期計畫(Term plan);(5)學年計畫(Yearly
plan)。

雖然教學計畫可分成以上五類,實際上,教師的教學計畫
大致以前三類計畫為主。整個學期或學年計畫是長期的,通常
是由學校教學研究會或教務單位負責擬定,可作為個別教師擬
定每課計畫的參考。

　　「每課計畫」又稱爲「每日計畫」。是在陳述每天（每節課）的教學活動，通常是以學校所訂的教學時數表的時間（約四十至五十分鐘）來擬定教學計畫。一般人常說的「教案」即是指每課計畫而言，這也是教師最常使用的一種教學計畫。此種計畫通常是以一節課的教學時間或一個課文爲單位。每課計畫有時也會因課文內容的多寡而分成兩節或三節課來設計。由於每一學科每週所分配的上課時數大約在二至五小時不等，因此，較長的每課計畫實際上也就是「每週計畫」。教師於每週課程結束時作下週之計畫，列出下一週有待完成的活動。每週計畫的內容大致是下一週教學活動的扼要計畫，包括活動主題、時間、地點、對象、程序等。通常是在每週五結束之後即須擬出下週計畫。

　　如果把幾個以同一主題或相關主題的每課計畫作有意義的連結安排即構成「單元計畫」。單元計畫通常需要較長久的教學時間，可由兩星期至八星期不等。

第二節　教學計畫的內容

　　雖然大多數人在日常生活中隨時都有作計畫、作決定的機會和經驗，例如安排旅遊行程、讀書計畫等，但一般而言，初任教師在實際教學時仍會面臨設計教案上的一些難題，包括教案的格式、內容、重點等，都不易決定。往往會偏重於某方面而忽略另一方。例如偏於教材內容的摘述及活動過程的陳述，

但卻在時間的分配上及教法的選擇上未能兼顧實際情境。至於資深教師往往在教案設計上會忽略具體教學目標的分析，但在教學行動上較能保持彈性。

教案或每課計畫主要是以某篇課文為設計的主要依據。但是由於課文內容的長短不一，並不是每一課文都可在一節課內教完，因此，每課計畫所需的教學時間有時就要分成兩節或更多的節數。此外，由於班級對象的不同，雖然是同一篇課文，卻必須用不同的教學計畫。

每課計畫（教案）的形式有簡式及詳式，並沒有固定的格式，可視教學活動及教師之經驗來設計。一般而言，資深教師的日常教學可用簡式，而正式的教學實習或教學演示會時可採用詳式的教案。每課計畫除了敘述教學年級、時間、對象、人數等基本資料外，在計畫本文內通常要包括下列幾個要素：

一、單元名稱

指出本課文的單元主題名稱。

二、教學目標

在每課計畫的教學目標是屬於教室層級的目標，它通常是較具體明確或特定的（specific）目標，提供教師明確取向的教學結果與條件。常以具體的行為方式來敘述，一般包括認知、情意及技能三大領域的目標。

三、教學內容重點摘要

扼要摘述教師講授內容的重要概念，這是教案的重心所在。

四、教學活動及過程

教學活動通常分為預備活動、發展活動及綜合活動等三部分。在教案中即依此三部分活動順序分別寫出所要採行的教學方法，例如練習、發問、討論、實驗等以及所需要應用的教具，及每項活動所需的時間。

五、教學媒體及教材

此部分列出在本課教學進行中所要用到的教材及教具，如各種視聽媒體及補充教材等。

六、教學評量

指教師所要採取的評量方式，包括隨堂小考、紙筆測驗或口頭回答等方式。

七、作業

這是在課程結束後，學生被要求回到家裡所要作的功課。教師應考慮每週有哪些天可以指派作業，每次的作業大概需要用多少時間。作業的時間長短應依學生的年級、學科而定，例如低年級每天的作業為十五至三十分鐘；中年級不超過四十五分鐘。作業時間太長會增加學生學習負擔。每天各科作業太多

是我國中小學生的壓力來源。

第三節　教案實例

　　教案或每課計畫的格式很多，並無一定之規格，每位教師都可依自己教學的方法和需要設計合用的格式。本章所附之格式並非制式規格，僅提供參考，讀者不應拘泥於某種範例，期盼能設計出創新之教案。

表 9-1　教案格式

單元名稱：		班級：		人數：	時間：
教材來源：			任課教師：		
教學資源					

具體教學目標	一、認知方面 　　　1. 　　　2. 二、情意方面 　　　1. 　　　2. 三、技能方面 　　　1. 　　　2.

教學活動	教材及教具	時間分配
一、預備活動 　1.教師方面（引起動機、建立心向） 　2.學生方面（學習準備度） 二、發展活動 　教材內容重點講述 三、綜合活動 　1.扼要歸結本課重點 　2.指定作業 　3.評量		

表 9-2　教案實例（每週計畫）

單元名稱：算盤的認識	班級：一年級忠班	人數：15	時間：70 分鐘（二節課）
教材來源：數學課本第二冊第一單元		任課教師：×××	

教學資源	一、教具：1.大算盤 2.小算盤 3.碼錶 4.圖表（1-4）5.大字報（1-5）6.算盤的構造圖　7.計算姿勢圖 二、補充教材：數譯珠練習簿
具體教學目標	一、認知方面 　　1.能說出算盤的各部名稱。 　　2.能比較各類算盤的差異。 二、技能方面 　　1.正確迅速書寫數字。 　　2.能實際操作算盤。 　　3.養成正確的計算姿勢。 三、情意方面 　　1.能熱心參與團體活動。 　　2.養成積極的學習態度。

教學活動	教材及教具	時間分配
一、預備活動 　頭腦體操： 　　1.雙手按摩 12 下。 　　2.手往上推額頭。 　　3.手往額頭兩邊擦——擦掉煩惱、擦掉傷腦筋。 　　4.中指、無名指中間分別往眼睛兩旁擦開——開光。	 圖表 1 圖表 2 圖表 3 圖表 4	5 分鐘

（下頁續）

（續上頁）

二、發展活動		
（一）數字練習		10 分鐘
1. 直線型：1、4、7	大字報 1	
2. 左旋轉型：2、5、6	大字報 2	
3. 右旋轉型：3、9、0	大字報 3	
4. 左右旋轉型：8	大字報 4	
（二）書寫要領	大字報 5	10 分鐘
1. 1、4、7 要斜 45°角。		
2. 2、3、5 要圓形。		
3. 7、3 的腳要長一點。		
4. 6 的頭要長一點。		
5. 0 的嘴巴要合起來。		
6. 8 上下要一樣大。		
（三）認識算盤的構造	算盤的構造圖	15 分鐘
1. 介紹框——算盤周邊四方形的部分叫作框。		
2. 介紹樑——分開上珠與下珠中間的橫木叫作樑。		
3. 介紹上邊——框的上面叫上邊。		
4. 介紹下邊——框的下面叫下邊。		
5. 介紹上珠——樑上的珠。		
6. 介紹下珠——樑下的珠。		
7. 介紹定位點——以算盤正中央的點當作數目字的起點。		
（四）計算的姿勢	計算的姿勢圖	15 分鐘
1. 兩腳放平。		

（下頁續）

（續上頁）

2.頭正手平。 3.左手握算盤、右手拿筆。 4.計算時手不要離開上邊或是下邊，要在上邊與下邊的中間活動。 三、綜合活動 　㈠學生練習 　　讓學生上台模仿書寫數字。 　㈡指定作業 　　預習 10 的組合。	 12 分鐘 3 分鐘	

待答問題

1. 你認為教學計畫的內容應包括哪些項目？

2. 你認為具有豐富教學經驗的教師也需要設計教案嗎？請說明理由。

3. 請就本章所附之教案實例格式及內容加以評述。

4. 請你到中小學收集各學科之教案一份，並就其格式及內容加以評述。

5. 以中小學某一學科之課文為例，試擬教案一份。

第 10 章

決定教學目標

第一節　教學目標的意義

　　目標（objective、aim、outcome 或 goal）是教學活動歷程中不可或缺的要素之一。任何教學活動皆須有教學目標以為師生教與學的指引，凡是缺乏目標或目標不明確，則教學活動將失去方向和重心，而難以達成教學效果。因此，不論這些目標是否事先已由教育當局所預擬，教師都應該了解並能決定自己的教學目標。

　　在課程與教學領域中，討論有關目標的文獻極多。無論是課程目標或教學目標的討論，皆指出目標的確定和敘寫都是課程發展和教學設計過程中極為重要的步驟。泰勒（Ralph W. Tyler）在論述課程目標時認為可從學習者、當代社會生活及學科事實等三方面，經由心理學與哲學的篩選而找出教學目標。

　　教育上的目標，一般是指教育宗旨、各級各類學校教育目標、各科教學目標、每單元或每課教學目標等。這些目標當中，教育宗旨陳義極高，理想頗遠，具抽象性，例如「促進世界大同」，此一目標不知何時才能實現。其次是學校教育目標、各學科教學目標也由教育部明定於各級學校課程標準中。這些由教育行政當局統一訂定的目標通常是在說明學校教育所預期達成的社會需求、個人需求及課程的內容和目標。從現行國民中小學、高級中學、職業學校課程標準中即可得知我國中小學校所要達成的一般性教育目標。例如：「養成活活潑潑的兒童，堂堂正正的國民」或者是「培養學生獨立思考判斷的能力」、「養成國家建設所需要的基層人才」等皆是。

　　本章所敘述的教學目標是以單元教學目標或每課教學目標為主。因此，教學目標是指教師在教學中所預期要達成的目標或學習成果（intended learning outcome），通常是以具體可觀察評量的形式來說明單元教學活動完成之後所預期的學生學習表現。這種屬於由教師決定層次的教學目標才是教學活動最重要的構成要件。而且，教學目標的決定必須先於教學方法的決定，才能進行有效的教學。

第二節 教學目標的分類

　　教學的目標大致分為認知、情意、技能三領域，教學的目的都應在求心靈的「認知」層次有所提升，在「情意」上產生變化氣質的效果，在「技能」上能有所表現。至於三者究竟以何者為重要，可說是見仁見智，惟在升學導向的我國，認知領域的學習似乎佔了優勢，以致其他兩個領域的學習成效較不易彰顯。不過，三個領域彼此亦有重疊之處，即每一種領域的學習雖佔了優勢，但實質上也涵蓋了其他的領域在內。如將學習定位在技能領域為主，但也會涉及認知與情意領域。也可能將學習定位在認知為主，而以情意為輔；或以情意為主，認知為輔；或以認知為主，情意和技能為輔。因此，教師宜對三個目標領域有所了解。

　　目前最普遍的教學目標分類法是根據美國教育學者布魯姆（B. S. Bloom）、克拉斯瓦（D. R. Krathwohl）、辛普遜（E. J. Simpson）等所提出的教育目標分類。他們將教育目標分為認知（cognitive）、情意（affective）、心理動作技能（psychomotor）等三領域。以下即略述其分類方法。

一、認知領域目標的分類

　　認知方面的目標是指知識的結果，這是教學的最基本要求，所謂的「主學習」即指認知領域目標的獲得。依據布魯姆的分

類可分成六個層次，即知識、理解、應用、分析、綜合及評鑑。愈高層次所需的行為愈複雜。

(一)知識

這是認知目標中最低層次的能力，包括回憶以前所學過的知識、知道某些事實、觀念、規則和原理等。

(二)理解

理解是指能了解所學過知識或概念的意義，能解釋各種資料，能推估結果等。

(三)應用

這是指將所學的規則、方法、步驟、原理、原則和概念，應用到新情境的能力。

(四)分析

分析是指能分辨概念或原則的組成要素，或找出各部分之間的相互關係，能區分事實與推論等。

(五)綜合

綜合是指將所學到的片段知識、原理與事實加以統合或應用於新的知識領域，能統整新知識。

(六)評鑑

這是認知目標中最高層次的一項，意指依據某項標準對事物做價值判斷的能力。例如文學作品或藝術創作價值的批判即是。

雖然認知目標有高低層次之別，但因許多低層次行為是高層次行為的基礎，如果沒有習得低層次行為，其後的高層次行為就無法習得。因此，教學上必須兼顧各層次目標。

二、情意領域目標的分類

　　雖然學校教育常偏重認知領域目標，但情意領域的教學目標亦不容忽視。此一領域目標大都與態度、信念、興趣、情感、價值觀等層面有關。例如學生是否自願學習，是否注意聽講，學習態度是否改變等，這些變化都可從學生的表情、反應、人生觀上看出，這也就是所謂的「輔學習」。今日教育心理學上所強調的「EQ」即是情意領域的重點目標。

　　克拉斯瓦等人（Krathwohl, Bloom, & Masia, 1964）依據情意的複雜程度，把情意領域的目標由接受至形成品德，共分成五個層次。這種分類方式與認知領域相同，均假定這些層次有階層關係，較高層次目標係包含且依著較低層次目標而來。

(一)接受或注意

　　指對某種事物、問題或環境的覺察、接受和注意。在教學上是指教師如何去引起、維持學生的注意力。

(二)反應

　　指主動參與活動並表現出行為反應，可以細分成勉強反應、願意反應、樂於反應，可判斷不同程度的學習興趣。

㈢價值觀

個人經過思考後所形成的一些信念、價值觀及態度傾向，可細分成價值觀的接納、價值觀的偏好與堅信。

㈣組織

指將各種不同的新舊價值觀整合成具有一致性的新價值系統，可細分爲價值觀的概念化及價值系統的組織。

㈤品格化

指個人根據其價值觀所塑造成的品格，可細分爲類化的心理傾向及品格形成等。此一層次使個人的行爲、態度和信念具有一致性。

三、心理動作技能領域目標的分類

心理動作技能領域的目標大都是與行爲及動作有密切的關係。有許多學科如自然學科的實驗、測量、操作，及家政、電腦打字等藝能學科，都需要部分的大小肌肉及身體動作和手眼協調等能力。

一九七二年美國教育學者辛普遜提出了心理動作技能方面的目標。她將此領域目標分爲下列六類：

㈠知覺

指感覺並知悉某種技巧的行爲。

(二)準備

在心理、身體和情緒三方面的準備度，即為某一動作而預備的心理、情緒狀態。

(三)模仿

是指根據別人所表現出的動作去反應，包括了模仿和嘗試錯誤的練習。

(四)機械練習

是指反覆練習所學的動作而形成習慣。

(五)複雜反應

指個人能夠將已習會的各項簡單動作統整成複雜的動作和行為。

(六)創作

指對某種動作技能發展至流暢精熟的地步，或創作出新的行為及動作的修正。

　　心理動作技能目標在藝能學科中有較為明顯的表現。其實在所有學科的教學上也都應強調此等目標。例如教師的板書、學生的寫字、數學的演算、資料的收集、圖像的繪製等都是動作技能的教學目標。

第三節　行為目標的意義

美國教育學者梅格（Mager, 1975）指出教學目標要有效用，就必須明確地寫出教師的意圖，及學生的行為要有怎樣的表現。梅格的目標敘寫方式遂被稱為行為目標（behavioral objective）。換言之，行為目標是指用具體明確、可觀察、可測量的學生行為表現來敘寫的教學目標。因此，行為目標所要表示的是教學活動完成後學生所能展現的行為。此種「行為」必須是明顯、具體而非隱含、不可見的。

行為目標主要是為了改正傳統教學上常使用的較廣泛、含糊的目標敘寫方式之缺失。而其最大優點則在於目標十分明確，容易據以評鑑學生的學習成果。在過去敘寫教學目標時，常寫成：「使學生了解等差級數的概念」、「使學生認識進化論的理論」。此種寫法過於含糊籠統，不夠具體明確，而且是使用教師的活動敘寫，沒有指出預期學生有怎樣的學習行為表現，故難以做為教師評量學生學習結果的依據。

行為目標通常包括三項要素，即：(1)學生的行為；(2)行為情境；(3)行為標準等。茲說明如下：

一、學生的行為

指達到目標的具體學習行為。通常是以動詞敘寫，如「寫出」、「說明」、「列出」或「預測」等，如「能寫出三種字

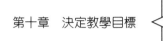

體」。

二、行為情境

指表現行為的有關情境或條件。如：「能利用字典查出本課的所有生字」。「利用字典」就是屬於情境或條件。

三、行為標準

指預期行為可接受的程度，亦即用以評量學習結果的標準。如：「能說出公園內五種植物的名稱」。「五種」即是行為的標準。

每一個行為目標的敘寫，除了要包括上述三項基本要素外，尚應把握下列三項原則：

1. 以行為動詞做為開端。
2. 明確地敘述出預期學生學習後的行為表現，而非以教師的活動及學生的學習過程來敘述。
3. 每一條教學目標，只要列出一項學習成果，勿列出二項以上的學習成果。

以下是一些行為目標敘寫的實例：

1. 認知教學目標
   (1)能正確說出公園內六種植物的名稱。
   (2)能解出三道一元二次方程式題目。
   (3)能背誦出師表的前三段文字。

2.情意教學目標

　(1)能欣賞雲門舞集的表演。

　(2)能表現負責的態度。

　(3)具有研究天文學的興趣。

3.動作技能教學目標

　(1)能正確作出蛙式的游泳動作。

　(2)能以百分之八十的準確率投籃。

　(3)能完全正確無誤地打出一篇英文作品。

第四節　如何決定教學目標

　　以上各節對於教學目標的意義、分類層次已有所說明。本節再就學科教學目標如何決定及敘寫略加敘述。

　　每一學科都有其課程總目標，學校教育目標即經由各學科之課程總目標來達成，而每一學科內又包括許多單元目標。就目前中小學各學科課程設計之實際情況而言，每一學科所包括之單元數皆根據全學期上課時數而定，由五至十單元不等，而每一單元又分成一些小單元，通常以「課」為單位，如第一課、第二課……等。每一課即自成一主題，因此在單元目標內即涵蓋每課（主題）目標。一般而言，「學科總目標」是由教育行政機關明訂於「課程標準」之中，採用一般性的敘寫方式。「單元目標」及「每課目標」都包括一般性及具體（行為）目標。

　　教學活動在本質上實即一連串教師作決定的歷程。教師在

了解學生的起點行為和需要之後，就須開始「決定」該學科在
每一次教學活動中所想要達成的預期成果或目標。目標既如上
述有認知、情意及動作技能三大領域，其敘述方式又有一般及
具體之分，因此，教師必須先決定其每課目標所要達成的究係
哪些領域及哪些層次的目標？是否要兼採一般及具體方式來敘
寫？由於每一學科、每一單元、每一主題（課）之性質不一，
教學目標的多寡及敘述方式也就不必完全一致，它可以有簡繁
之別，也可用極具體到一般性的方式來呈現。

　　目前中小學都有各科教學研究會或小組，在每學期初及期
末都會召開小組會議共同研商各科之教學目標及進度。單元教
學目標通常在每學期初即須訂定完成，以便提供教師在教學時
參考。

待答問題

1. 目標可以分成哪些類別？

2. 教師選擇單元教學目標應依據哪些原則？

3. 行為目標應包括哪些要件？

4. 你在大學課堂上是否了解任課教師的教學目標？

第11章

教科書的使用

第一節　我國中小學教科書的編輯

　　我國中小學教科書在過去兼採「部定」和「審定」兩種政策。前者是指教科書由教育部或國立編譯館負責編輯再委由書局印刷出版；至於審定則是由出版商編寫再由國立編譯館審查合格後再印刷發行。我國國民中小學教科書自民國五十七年實施九年國民教育起採用「部定」政策，全部由國立編譯館編輯出版，使得全國中小學的教科書完全一致。

　　近年來，教育自由化、民主化及教育鬆綁的趨勢，使得教育部對於教科書的管制政策亦逐年寬鬆、開放。中小學校教科書的編輯也逐年開放。從八十五學年度逐年開放國民中小學教科書的編輯，民間書商出版社均可自行邀約學者編著教科書。國立編譯館已不再負責編輯出版中小學教科書，其功能逐漸簡化成為教科書的審查機構而已。從國立編譯館功能的改變亦可看出我國教科書的政策從「部定」到「開放」給民間編輯，都是近幾年來重大的教育變革之一。但卻也逐漸衍生出教科書市場的激烈競爭及教科書「一綱多本」和售價等相關問題。

　　此外，我國中小學選擇教科書的權限正逐年增大，學校可經由教務會議決定選購教科書。事實上，教師與學生都是教科書的主要使用者，教師也最了解學生的能力和需求，教師對於教科書的適用性和價值必須作專業的判斷。教師和教育行政人員應該都有參與選擇教科書的權利。因此，學校教師對於教科書的內容、可讀性和出版的品質等方面應有所認識。

第二節　教科書的評估

　　教科書的品質和內容影響學生的學習極大。因此，我國教育當局對於中小學教科書的審查訂有評估標準。茲分述於后。

　　就內容而言，必須涵蓋該學科的基本知識範圍，並須符合學校教學時數需要。而其內容所含的概念難易度要適合學生的先備知識和能力。在內容的組織上更要符合心理或邏輯的順序，

使前後單元銜接連貫。

　　教科書的內容除了文字敘述之外，通常要有各種圖表或插畫以輔助文字敘述之不足。在各學科之中，例如生物，若能包含精美的彩色圖表將可吸引學生的動機和興趣。例如數學，各種統計圖表更是不可缺少。這些圖表的色澤也都要能清晰呈現，但不可過於複雜。以美國的教科書來說，圖片的顏色通常有四種色彩，若再加上高品質的紙張和印刷裝訂技術將可使教科書顯得內容豐富。

　　在文句可讀性方面，可由教科書所用的字彙、句型及段落等方面來判斷。由於學生對教科書內容的理解程度與學生所學會的單字詞彙及某一學科的概念都有關係，而字彙是最主要的關鍵。因此，各學科教科書所出現的字詞應以語文科所教會的字詞為依據。各科教科書中不宜有超越該年級學生語文閱讀能力的現象。例如「社會學科」或「生活與倫理」、「公民與道德」等科的內容用字應該要能考慮到「語文」課所出現過的字詞，以免造成學生的學習困難。

　　好的教科書通常在編印品質和內容上非常講究。包括印刷紙張、版面設計、圖表插畫及色澤等物質屬性方面要力求正確、美觀、生動有趣等。而在內容上則注意內容的多寡和難易適切性、內容單元組織的邏輯順序。此外，習題和作業的適切性也都必須講究。

　　學校教師從使用者的角度來評估教科書，和國立編譯館在聘請學者專家審查教科書所採取的審查標準大致相似，下表是教師在選取教科書時所要考慮的各項因素。

表 11-1　教科書評估指標

一、編印品質

1. 印刷圖文色彩清晰，生動有趣。
2. 印刷正確，無文字疏漏錯誤。
3. 版面設計得宜，字體大小、行距恰當。

二、文句可讀性

4. 遣詞簡潔流暢。
5. 外文中譯適當。
6. 專有名詞解釋明確。
7. 段落分明。
8. 文字圖表敘述清楚。

三、內容適切性

9. 概念敘述深入淺出。
10. 內容切合學生先備經驗。
11. 文字淺顯易懂。
12. 內容切合當前實際生活狀況。
13. 內容篇幅配合每週教學時數。

四、單元組織

14. 單元順序由淺入深（漸進性）。
15. 前後單元銜接連貫（連貫性）。
16. 單元架構完整，涵蓋學科基本概念。

五、習題編製

17. 習題份量的多寡，符合學生之能力和負擔。
18. 習題與課文內容具有關聯性。

在我國中小學教科書的編審所涉及的是屬教育行政領域，學校教師較少去關注。身為教師較為關心的應屬於教科書的使

用。爲協助教師有效地應用部定教科書，國立編譯館規定教科書出版商必須同時編印「教師手冊」供教師教學參考。但就現有中學教師手冊的內容來看，有部分科目常流於習題解答之參考書籍，對教師的教學活動並無太大助益。

目前許多教科書出版商除了教師手冊外，也同時提供完整的配套服務，包括教具、評量手冊或補充教材。也舉辦許多教學研習活動，其用意也都在幫助教師能熟習教科書。

由於教科書只是教材之一，並非唯一的教材。因此，教師在教學時仍然需要提供其他的補充教材以增進教學內容。教師也不可將教科書的內容全盤接收，必須對其內容仔細斟酌、過濾。教科書節省了教師編輯教材的時間，使各校的教材不致太過分歧，但也造成了師生的教與學均依賴教科書，教科書成爲教師教學的主體，教學只在教導教科書，教學活動只是在「照本宣科」而已。教師的評量考試也都以教科書範圍爲依歸，學生的學習只是在閱讀教科書的內容，凡此均是不當使用教科書。

第三節　教科書的閱讀要領

由於教科書大都是由學科專家及大學教授撰寫而成，作者如果對於當前中小學生之學習經驗不太了解，難免會使教科書在內容及文字上無法符合中小學生的能力。此外，學生的能力參差不齊，許多學生在缺乏指導的情況下，面對各學科又厚又重的教科書常有閱讀困難的問題。實際上，中小學教師確實很

少指導學生如何正確使用或閱讀教科書。

　　有的學生對於幾乎每天在讀的教科書之正確名稱、編撰者、出版年代、出版社等幾乎一無所知，或許只依稀記得該書的顏色。學校教師大都未曾向學生解說教科書的背景、內容、優缺點所在。事實上，認識教科書的出版背景也是重要的讀書技巧。以下是教師在指導學生閱讀教科書的一些要領：

一、與學生討論教科書的背景資料

　　教師可以和學生討論某一本教科書的書名、作者、出版社、出版時間、版本、定價等方面的問題。這些大都在教科書的封面和封底內頁中可以看出。

二、分析教科書的章節目次

　　教師也要指導學生看清楚教科書的章節問題，例如章節名稱的意義、章節涵蓋之主題、前後章節的關係。

三、分析課本之名稱及內文之大標題

　　教師要分析課文的名稱與文內各標題之關係，其次指導學生就課文內容尋找本課名稱之出處。此外，課文內之主要概念常以標題來顯示或以較粗黑之字體出現，這些都是重點之所在。

四、閱讀各種圖表和插畫

　　教科書內的插畫及各種圖表都與內容有關，學生可由插畫圖表中了解某些概念之意義。因此，指導學生看懂各種插畫及

圖表也是重點之一。特別是自然科和數學科的教科書中更不可忽略插圖的分析。

五、善用精讀和略讀策略

教師也應指導學生如何精讀（intensive reading）和略讀（extensive reading）教科書的內容，而不是一昧地閱讀全部課文。精讀是指學生應充分地熟悉所閱讀的內容，並能完全了解其中的重要概念。至於略讀是指學生對於閱讀內容只要有一般性的了解，不必熟識所有的細節，例如不必死記課文的每一個生字或詞語。

精讀的好處是能完全理解記住內容，但卻太過費時而加重課業負擔，也會使學生失去興趣。教師應指導學生區別何者要精讀，何者要略讀。通常是對於較長篇之課文以略讀方式，對於其中之重點則採精讀，才能充分掌握課文之重要概念。

傳統上由於考試領導教學，聯考取材範圍大多來自教科書，學校教師大多以教科書的教學為主，也深信教科書的全部內容都是學生必須精讀熟讀的材料，因此往往要求學生最好全部記住整篇或整本教科書，才能在聯考獲勝，此種觀念似是而非。教師應指導學生精讀和略讀的要領，才能夠輕鬆有效地學習。

以上是教師在指導學生閱讀教科書的五項要領。教師更須時時提醒自己，不可照本宣讀，也不必從頭到尾把課文講完，只要就課文的重要概念加以講述即可。閱讀課文內容是學生的責任，教師不宜代勞。如此，教師將可有更多教學時間引導學

生討論及進行其他活動，亦可免除趕進度之苦。

　　長久以來由於教科書已是我國中小學教師在教學時所倚賴的工具，各科教學進度大都依教科書章節來擬定，教學內容不脫書本內容，考試評量亦不可踰越教科書範圍，教科書幾乎成為「教學」的代名詞，也是學生「上學」的同義字；教學、教書即指教「教科書」，上學、求學、學習即指教科書的閱讀。事實上，教科書只是學校教學的材料之一，它只是主要的教材而已，教科書並非教材的全部，也不是學生學習的全部。教師的教學除要善用教科書外，不可拘泥於教科書的內容，還需採用其他補充教材，才可使教學內容更為充實、更為靈活。

　　當前教科書的一大問題是所謂「一綱多本」的問題。由於開放民間出版社編印，各家出版商都可根據教育部頒佈的「課程綱要」編撰各科教科書。因此，每一熱門學科都會有不同出版社編撰的教科書。此種開放政策固然使學校能多所選擇，卻也造成「難以選擇」的困擾。為了應付升學考試，學校常常兼採兩種版本以上的教科書，增加學生課業上的壓力。尤其是與教科書相關的「參考書」也相對增加，且其售價也較貴，更造成學生家長在經濟上的沈重負擔。

　　因此，在教科書開放政策施行幾年之後，要求國立編譯館再重新負起教科書編輯功能之呼聲又起，這確實是當前教科書出版政策上的一大課題。

待答問題

1. 任選一家發行教科書的出版公司網頁，查詢有關該公司出版中小學各科教科書的概況。

2. 比較你「讀書」的方法與本章所介紹的教科書閱讀方法。

3. 以本章為例，說明何處須「精讀」？何處可「略讀」？

4. 任選高職教科書一本，根據教科書的評估指標作一評估。

第12章

進行教學評量

第一節　教學評量的意義與分類

一、評量的意義

在教學領域裡，教學的評量意指對於教學效果或學習成效的評量。雖然常被視為教學活動過程中最後的一個階段，但卻不是教學活動的結束或終點。

評量（assessment）與評鑑（evaluation）在早期的教育心理

論著中是互通並用的名詞，但近來學者已加以區隔。評量一詞是指以各種方法去評估學生的知能，以作為教學效果的證明或依據。它不只要評估學生並且要幫助學生解決學習困難。至於評鑑則是比評量複雜，是指將測量結果與依理想設定的標準相比較，並判斷其間差距後，給予價值判斷。

「評量」一詞與測驗或考試（test）在日常教學中也常被混用。評量的範圍比測驗或考試為廣。要評量教學除了可採取考試的方式之外，還可用其他的方式如觀察、晤談、口試等。

評量的功用主要有二，一是可供教師了解學生起點行為、學習進步情形及教師教學成效；其二是以改進學生的學習行為為目的。教學評量的結果可提供回饋，作為下一次教學的參考。

二、教學評量的分類

教學評量的常見分類方法有下列六種：(1)安置式評量（placement assessment）；(2)診斷式評量（diagnostic assessment）；(3)形成式評量（formative assessment）；(4)總結式評量（summative assessment）；(5)標準參照式評量（criterion-referenced assessment）；(6)常模參照式評量（norm-referenced assessment）等六類。

(一)安置式評量

這是指在教學前對學生的「起點行為」方面的評量，其目的在使教師能在教學活動開始前對於學生所具備的性向、興趣、學習特質和知能有所了解，以供日後教學之參考。此外，為了

學生的入學、編班所進行的評量也都屬於安置式評量。

(二)診斷式評量

這是指在教學活動進行當中，對於學生所呈現出的學習困難原因所做的診斷測驗。其目的是在提供教師了解困難的成因以供補救教學參考。此種評量通常只用在少數學習成就低落的學生，一般學生並無必要使用。許多學科診斷測驗都屬此一類型。

(三)形成式評量

這是指在教學活動進行當中對於教師的教學及學生的學習表現的評量。其目的是要提供師生連續性的回饋資料以幫助他們了解在教學過程中學生學習成敗的原因。這類評量的工具大多是教師自編的評量測驗。此種測驗取樣範圍較小，通常內容是一章節或單元，常以隨堂考方式進行。

(四)總結式評量

這是指在全部課程告一段落或結束時，例如月考、期中考、期末考，對於學生學習成就的評量。其目的在評定學生的學習成就，以便於評定成績。此種評量的範圍較廣，題目較多，評量時間較久。

(五)標準參照式評量

這是以事前預先設定的標準作爲評鑑學生學習行爲表現之依據。換言之，教師要求學生的學習要達到預定的標準，並據此判斷學生的成績是否通過預設的標準。基本學力測驗、精熟

學習的熟練標準及各種職業證照考試都屬此一類型。

(六)常模參照式評量

常模可以表明個人分數在常態化樣本中的相對地位，因此常模參照式評量是把學生的學習表現與某一特定的參照團體相比較。可以看出個人在團體中的相對位置，其目的在區別學生之間能力的差異。例如以同年級學生的平均學業成績為參照點，比較分析學生間的差異情形即是常模參照評量。其目的是用來評定成績名次和等第。因此，此種評量常以百分等級或標準分數來表示。

第二節　學習歷程檔案評量法

一、檔案評量的意義

在教學評量方法中新興起的一種評量Portfolio Assessment，稱之為學習歷程檔案評量。Portfolio 在建築設計、攝影、廣告等專業領域中是很普遍的名詞，指這些領域的工作者將其多年來的作品、成果整理成冊以表現其個人在專業上的成就。

在教育上開始應用 Portfolio（作品選集）的概念是在一九九○年代。它是由師生共同收集整理學生個人在學習活動歷程中的各項學習成果作品記錄資料，這些資料諸如考卷、作業、

書面報告、美術作品、剪報，以及教師對學生學習活動的觀察評量表格等。學生則將各項資料放在檔案夾內，並隨時填加、整理、取閱，師生並定期檢視以了解學習成果。

　　學習歷程檔案的評量法是一種形成性的評量，其資料隨時在填加、更新、累積，所收集保留的資料都是最好的、最有代表性的作品。在國內有人稱之為「卷宗評量法」、「作品選集法」或「資料夾評量法」等不同名稱。

二、檔案評量的方式

　　學習歷程檔案評量的方式大致如下：

1. 學生行為觀察表

　　這是由教師對學生學習態度、人際關係、習慣所作的長期觀察而填寫的表格。

2. 作品及測驗結果

　　包括各科考試卷、書法作品、實驗報告、作文、照片、錄音、錄影帶及測驗分數的側面圖等都可收集在檔案中。

3. 學生重要大事摘要

　　由學生自己記錄自己參與學習的重要事跡，包括人、事、時、地，及個人心得。例如學生被選派參加科學競賽獲得優勝之事跡，或是學生開始學習吹奏木笛等。

三、檔案評量的特徵

　　學習歷程檔案評量法的特點如下：

1. 每位學生都有個人的完整資料檔案，容易實現個別化教學目標。
2. 強調最佳的代表作，而非所有資料的保存。
3. 師生共同參與評量，學生較容易了解學習進步程度和優缺點。
4. 將教學、學習活動及評量相結合。
5. 可完整展現學生的學習成就，而不只是一張成績單分數而已。

學習歷程檔案所收集的資料都是在學習歷程中自然留下的，並不需多花額外時間去完成。但這些資料的整理和檢討卻很花時間，往往增加師生的負擔。其次，檔案資料的信度亦有待進一步的研究，特別是班級學生人數太多時，信度易遭質疑。當然，有些贊成者認為檔案評量主要在供師生教學回饋及自我檢討改進，並不需要像標準化測驗般強調精準客觀。

歷程檔案評量主要功用一方面在培養學生自我評量、檢討、改進的能力，更可增進學生自我的信心和責任感；另一方面則可提供家長及輔導者對於學生學習表現的了解。

第三節　考試的功用與缺失

在班級教學中，教師以自編測驗卷或其他各種測驗卷來評量學生的學習，也是極重要的一項教學活動。這種班級教室內

的評量或考試有下列價值：

1. 教師可以從考試成績判斷每一位學生的進步或退步情形。
2. 教師可以從學生的作答錯誤情形了解自己的教學是否有所偏差。
3. 教師可以從個別學生答題情形決定某位學生是否需在某一概念或單元上接受補救教學。

　　但是教學太偏重或依賴考試也會產生不良影響，最主要的就是產生「考試領導教學」的缺失，使得學校教學完全以考試爲重心所在。常見的現象是教師會提醒學生「這一題很重要，將來考試可能會考出來」。而學生在學習時最關心的也就是：「這一題，會不會考？」初安民（民74）即曾以此爲題，指出國內考試領導教學的現象。經常考試失敗的學生會喪失學習興趣、自信心，而產生自我應驗的預言（self-fulfilling prophecy）之結果。

　　班級教學中的各種考試，不論是平常考、月考或是學期考試都有其功能，但過多的考試也會帶來負面的影響，因此，班級教師應慎用考試，並且不應以考試的結果作爲評定學生學習成果的唯一指標。以下是一些避免考試產生負作用的原則，可供教師參考：

1. 儘可能讓學生從考試中獲得成功的感覺。
2. 儘可能避免讓學生公開比較及競爭。
3. 考試完立即給予學生正確的答案，並指出其錯誤之處。
4. 儘量利用學生作「對」的題目給予鼓勵、稱讚，而不去

斥責學生作「錯」的題目。

5.對於有明顯學習困難的學生，儘可能依其能力另訂評量
方式和標準。

這一題，會不會考

我在一所明星中學
擔任國文教員
在必須面臨聯考
激戰底日子裡
告訴學生
方孝孺底生平事跡
以及被誅滅十族
慘烈無比底來龍去脈
學生問
這一題，會不會考
我在一所明星中學
擔任國文教員
講到胡適
講到二三十年來
激越底中國文學革命
少年胡適
晚年胡適
以國文教員底身分
評斷著胡適底功過得失
學生問
這一題，會不會考
李密出現了，這位

外無期功彊近之親
內無應門五尺之僮底微臣
也願生時隕首，死去時
結草，誓志
獻出所有底忠貞，不勝
犬馬怖懼之情
我對學生說
如果讀到這篇文章
不哭者是不孝
學生問
這一題，會不會考
范進中舉
名列榜上第七名
范進樂歪了
瘋了，終於
他也考取了聯考
我的心情逐漸沈重起來
自忖所謂
學術的價值標準以及
目的的當兒
學生問
這一題，會不會考

第四節　成績評量方式

　　學生在各種「考試」上所獲得的分數，只是教師評定學生學期成績的標準之一，它不應成為教師評定總成績的唯一指標。教師應在教學之前就決定該學科的成績評定計畫，此一成績的評定計畫應在上課之初就讓學生充分了解。

　　雖然我國中小學都有統一的成績評定系統，但就教學評量而言，教師可以決定適合其任教學科的系統，例如採用標準參照評量或是採常模參照評量系統。標準參照式的評量系統較能顯示出學生的學習成果和標準，也較能夠顯現教師對學生整體學習的判斷。

　　就自然科的學期總成績評量計畫，通常可包括：(1)學生平時上課的情形；(2)作業的成績；(3)考試（小考、月考、學期考）成績；(4)實驗成績；(5)特殊表現，如獨立研究成績等項目。

　　教師可以自行決定上述五項目在學期總成績內所佔的百分比。此外，由於學生的個別差異事實，教師必要時應針對個別學生設計出個別的成績評定計畫。

　　在教學過程中，成績評量已成為必要的教學活動之一。但教師的教學不應是「考試取向」，也不可以「成績」或「分數」作為威脅學生或處罰學生的手段。

　　考試在我國學校教育所扮演的角色極為重要，除了校內各種定期性的段考、月考、期末考……是學生經常要面對的活動

外，各級各類入學考試更是關係學生的生涯發展。因此，幾乎所有的學生都非常重視考試，而教師的教學大都也以考試為依歸。「考試領導教學」乃由此而起。

各種入學考試的命題自有測驗專家負責，並非每位教師都能參與，但學校各種定期考試的命題卻是每位教師經常要參與的活動。因此，命題技巧乃是教師必備的教學技能。

在每日的教學活動中，透過考試可使教師了解學生的學習成果和困難所在，但考試卻不應佔據太多的教學時間。在某些明星中學裡尤其是三年級學生，幾乎是無日不考，甚至一天之中每節都在考試。此種現象，扭曲了考試的價值，也使得教學完全不正常。

教師也必須了解考試成績與學生對學科的興趣和信心有密切的關係。成績好，對該學科會更有信心和興趣，反之，若考試成績不佳，則會造成討厭該學科，並且喪失自信，嚴重則失去信心，完全放棄該科的學習。因此，考試題目若過於艱深，將會使多數學生的學習動機降低，影響學習成果。教師的教學必須把握此一原則，不可以考試或分數來刁難學生，太難、太多的考試，都不符合教學原理。

第五節　當前國中成績考查辦法

我國目前的國中成績評量大致是依據教育部所訂頒的「國民中學學生成績考查辦法」的各項規定辦理。以民國八十六學

年度開始施行的新制成績考查辦法來分析，國中學生的成績評
量內容兼顧德智體群美五育均衡發展原則，依一般學科、藝能
學科及綜合表現三大類別分別進行評量。至於評量的方式包括
下列十四項：

1. **紙筆測驗**

就學生經由教師依教學目標及教材內容所編訂之測驗考查。

2. **口試**

就學生之口頭問答結果考查。

3. **表演**

就學生之表演活動考查。

4. **實作**

就學生之實際操作及解決問題等行為表現考查。

5. **作業**

就學生各種習作考查。

6. **設計製作**

就學生之創作過程考查。

7. **報告**

就學生閱讀、觀察、實驗、調查等所得結果之書面或口頭
報告考查。

8. **資料收集整理**

就學生對資料之收集、整理、分析及應用等活動考查。

9. **鑑賞**

就學生由資料或活動中之鑑賞領悟情形考查。

10. **晤談**

就學生與教師晤談過程，了解產生反應情形考查。

11. **自我評量**

學生就自己學習情形、成果及行為表現，做自我評量。

12. **同儕互評**

學生之間就行為或作品相互評量。

13. **校外學習**

就學生之校外參觀、訪問等學習活動考查。

14. **實踐**

就學生之日常行為表現考查。

在上述各項成績評量方式中，無疑是以日常舉行和定期舉行的小考、段考、學期考試的紙筆測驗為主。至於各項成績的計算，除綜合表現的成績是以實際分數計分外，其餘皆以百分制計分。綜合表現之成績是以七十五分為基本分數，並依出席勤惰分別予以加減計分。學生的學期總成績依最新的考查辦法規定是要將各科的分數轉換成「五等第九分制」來計算所得之成績，並以「優、甲、乙、丙、丁」等五等第方式記錄各科成績。至於學生實得總分與五等第九分制的換算方式可以參照教育部在民國八十六年頒佈的「國民中學成績考查辦法」。

待答問題

1. 評述「考試領導教學」的意義。

2. 比較大學生與國高中學生成績評量方式。

3. 比較「標準參照」與「常模參照」之差異。

4. 學習歷程檔案評量的優點和限制。

5. 何謂「自我應驗的預言」？

6. 至附近國中小學教務處索取成績登記表格加以分析。

第13章

講述與概念教學

第一節　講述的意義

在學校教學活動中，講述教學（didactic instruction）是被採用最廣的教學法。其意義是指教師的教學活動以講話（talk）、解釋（explanation）、告訴（telling）、演示（presentation）等方式使學生獲得預期的學習成果。

講述的由來已久，古代的演講與今日的講述在形式上本極相似；演講者大聲演說，聽眾則仔細聽講，在演講過程中則摻

雜發問、回答和說明。在古希臘羅馬時期及中國春秋戰國時期
的人如蘇格拉底、柏拉圖、孔子等幾乎都可稱之為街頭演說家、
辯論家。當時他們的雄辯術事實上就是今日的某些演講或教學
技術。

　　目前教室內的講述，大都以口頭和書面教材（教科書）解
說為主，班級教學時間約有四分之一以上是在進行講述教學的
活動。這是一種以教師的講話、解釋、告訴和演示等方式，將
知識或概念傳授給學生的單向式教學法。因此，學生大部分時
間是在傾聽教師說話、閱讀教科書及作筆記，師生之溝通呈單
向式，少有互動。由於學生只是在安靜聽講較少發問，只重背
誦和記憶而不求甚解。

　　傳統的講述教學常會違背教學原理。由於教師在講述時所
提到的都是學生應該知道的知識內容，很容易造成學生死記這
些知識，但卻無法形成有意義的學習。因此，講述法的最大難
題和限制是在於難以促成學生積極主動地學習，卻很容易養成
被動的習慣。當教師的教學活動造成學生被動依賴時，學生就
不再是一位「學習者」了，也許，只能算是一位「記誦者」而
已。也因此，講述教學常被批評為記誦式教學或填鴨式教學。
理想的講述教學必須是能夠讓學生積極地聽和閱讀。

第二節　講述與概念的獲得

講述教學的主要功能有二，其一是較能給學生完整的知識，其二是較容易形成正確的概念。因此，講述法也常被稱為概念的教學（concept teaching）或概念獲得的教學。茲分述如下：

一、較易提供學生完整的知識

今日學校各學科的教學大都以教科書內容知識的講解為主，用在各類知識之中，有關事實性知識（declarative knowledge）的獲得，透過教師的講述最為直接有效。事實性知識常是各種事物所呈現之本質或實際之狀況，經由各種具體的描述、說明、觀察、分析即可獲得此類知識。另一類程序性知識（procedural knowledge）則有賴其他更有效的教學策略，例如探究式教學法。程序性知識是指學生利用已知的某一概念去區別不同形式概念。它涉及用原有概念所含有的明確性去比較和對照類似性但卻不同的概念。例如有關「男性」的程序性知識可藉由與它相似的概念進行「比對」而獲得。這些概念有女性、女孩、男孩、老人、年輕人等。

書面教材的講解有助於學生完整知識的獲得。因此，講述內容如果太多，教師必須再將重點加以整理，才能使學生獲取較有系統的知識。

二、較易理解基本的概念

在資訊發達的時代，許多的語言、文字、圖畫等都代表各種不同的事物和概念，人們也常巧妙地應用這些文字圖像來敘述其內涵。在學校教學中，教師也須正確地講解文字圖像所代表的正確意義。但由於概念的正確意義不容易界定，學生常會產生誤解或陷於錯誤而無法有效的學習。

在日常用語中，概念（concept）有多種涵義，每一個概念至少都有一個名稱和明確的定義。有時它意指某人的「觀念、看法、見解」，有時則意指某人的一種「假設」。概念使人們具有將物體分類的思考和觀念，使人們可以將許多事物依其結構加以歸類，從而分辨事物之類別。

概念的分類有三，第一種稱爲連接性概念（conjunctive concept），這些概念的構成規則、特性通常是恆定不變的。例如「三角形」的概念，它的特性是有三條邊線和三個角的封閉圖形，其構成的規則是不變的。再如「海島」的概念，是指四周都是水的陸地。可見連接性的概念定義都具有某些不能改變的特別屬性、特徵和結構。

第二種概念是爲非連接性概念（disjunctive concept），這類概念的構成規則、特性會有不同的組成份子，常會隨情境而有不同。例如棒球比賽中的好球（strike）概念，可以從攻防雙方的不同角度來解釋。若從投手的角度來看，只要是投進好球區的球就是好球，有時則指打擊者揮棒落空，而不論該球是否進入好球區或偏高、偏低之球。但若從打擊者的角度來看，打出

界外球事實上是技術不佳，球是打的不好，但在棒球規則中卻要算好球。

第三種概念稱為關係概念（relationship concept），它的構成規則是視其成份的關係而定。例如「姑姑」的概念是指兄弟姐妹與其子女之間的特別關係。再如「時間」和「距離」也是關係概念。想要了解這其中之一概念的意義，必須知道另一個概念和兩者之間的關係。例如「星期」的意義是指從第一天（通常是星期日）起算連續七天的期間，其最後一天常是星期六。

第三節 概念的教學

概念的教學不只是給事物或概念一種新名稱或分類而已，它也意指重組新知識及認知結構。換言之，概念的學習乃是現有概念或基模（schemata）不斷的重組和改造而獲得各種新概念或新的思考方式。概念的學習可經由辨別例子（examples）和非例子（nonexamples）而獲得。例如「乳牛」是哺乳類動物的「例子」，而不是爬蟲類的「例子」，但卻是爬蟲類的「非例子」。再如，紐西蘭和澳洲都是南半球國家的「例子」，也是開發中國家的「非例子」。棉花和絲是「纖維」的例子，但皮革和鋼則是「纖維」的「非例子」。夏威夷是「海島」的例子，加州則是「非例子」。

概念教學要多提供例子和非例子的辨別練習機會，並且注意各種例子呈現的順序。如果其順序適當，可助於學生的概念

學習，否則會使學生的概念混淆。因此，合適的「舉例」對於人類的概念學習極為重要。舉例的方式則可藉助視覺或心理印象（mental images），例如圖畫、卡片、相片等。教師要知道一些「好例子」的特徵，例如概念的教學所用的例子要包括概念的各項「重要特徵」。

　　教師以講述進行概念教學時，先根據教材內容列出各項概念，並將每個概念明確地下定義，再描述出其主要屬性和特徵，辨認各項概念之不同，再選擇其中最基本的概念來講解，並呈現各種例子和非例子。

　　由於中小學階段學生對抽象的概念不易了解，因此，教師在講解說明時，要以學生能了解的方式來分析概念的內涵。對於較抽象概念的分析則可藉助圖片表格，或者用生動、具體的例子，讓學生能體會到其現象和特質。最好是讓學生練習舉例說明，並可藉此評量學生對概念的了解程度。茲將概念教學之實施流程整理如下頁圖。

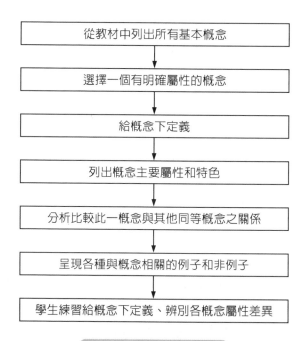

從教材中列出所有基本概念

↓

選擇一個有明確屬性的概念

↓

給概念下定義

↓

列出概念主要屬性和特色

↓

分析比較此一概念與其他同等概念之關係

↓

呈現各種與概念相關的例子和非例子

↓

學生練習給概念下定義、辨別各概念屬性差異

圖 13-1 概念教學流程

第四節 前導組體的意義

　　前導組體（advanced organizer）是教育心理學者奧斯貝（D. P. Ausubel）所提倡的概念，運用前導組體所進行的教學法又稱為解釋教學法（expository instruction）。前導組體的意義是指在學習前所呈現的訊息，它是一種認知性地圖，是一種以學習者已熟習的知識為基礎而設計之有組織的材料，它可以是一段文

字敘述、一部影片或是一道問題。

　　前導組體可作為上課說話的開始，它也算是學生準備學習的前奏。藉著它，可建立學生的學習心向（set induction），使學生進入學習的準備狀態。心向即心理的傾向，具有學習心向時，會使學習者主動搜尋新知識和個人已有概念間之連結，使新舊知識產生有意義的認知。當學習新教材時，「前導組體」可讓舊知識或先備知識與新概念產生關聯。前導組體扮演的是一種橋樑的功能，在使學習者更容易將「新教材」融入其「舊知識」之中，讓學習者進入新的學習情境，產生新的學習心向，而有助於新學習的產生。

　　前導組體可分為「解釋性」及「比較性」等二種。解釋性組體（expository organizer）是以一種比所要介紹的新概念還要通俗（generality）的概念來導引，亦即提供學生較熟悉的知識，使原本較專門、特殊的概念具有一通俗的意義，會比較容易為學習者了解。例如合金的概念可做為鋼的前導組體。

　　至於比較性的組體則是以相似（analogy）及比較（comparison）的方式將新的學習和舊經驗相比擬，以避免新舊概念的混淆。通常可以「類推」來作為比較性組體的依據。教師須先研判組體與新舊概念的關連性、差異性、相似性和延伸性。例如有關工業革命的單元就可先以革命（revolution）來充當前導組體。教師可以先說明革命就如同做三百六十度大轉變一樣，像輪子的發明或地球繞太陽旋轉的學說都是人類知識上的重要革命和轉變。另一種革命的意義則是指推翻某一政體，通常採用武力的方式，例如法國大革命或美國的獨立都是「革命」的表

現。因此，「工業革命」的意義，也就是推翻原有的各種工業生產或事物，這種改變乃是「機器」發明所導致的結果。

簡言之，透過前導組體可使學生回憶知識和轉化知識到新的學習。教師應先了解學生的先備知識、起點行為，才能提出最適切的前導組體。講述教學若能藉助前導組體，將使學生對於新學習更具意義，也更容易。

第五節　講述教學的步驟

講述教學的步驟大致可以分成四階段：(1)引言階段；(2)正題階段；(3)摘要及提問階段；(4)結論階段。茲分述如下。

一、引言階段

在引言階段主要的步驟包括：(1)說明教學目標；(2)建立學習心向；(3)提出前導組體。教師在此一階段先說明本節課的主要目標後，隨即進行引起動機、建立心向，可以說一些時事或故事，也可以呈現各類適切的前導組體，時間不超過五分鐘。在引言階段，教師必須能引起學生的注意力，因此，教師的開場白或是第一句話也很重要。它會在學生心中產生一定的印象，是好是壞往往一下子形成，因此，第一句話要簡短清楚、生動有趣。教師通常會先說一個笑話或謎語來引起學生的注意力，隨後再導入正題。

二、正題階段

　　講述教學的第二階段即須進入講述主題的階段。教師要把重要概念事先作有系統地闡述，且應力求解說清楚明白。一般教師常誤以為講述的主題內容包含愈多，會對學生的學習愈有幫助，事實上，內容的多寡除了要配合教學時間的長短來決定外，在內容上應以最基本、重要的概念為主。任何講述的內容要以學生能夠吸收的程度為原則。較為理想的正題階段講述時間以十至二十分鐘為宜。

三、摘要及提問階段

　　教師通常在講述完全部基本概念之後，應將講述內容重點作扼要歸納。隨後即以事先擬定之題目進行師生間的問答討論。講述過程若能配合發問，將會使得講述教學更加生動有效。此一階段的時間約為五至十五分鐘。

四、結論階段

　　在經過提問階段後，教師可以最簡潔的方式將內容作一總結，即所謂的後組體（postorganizers）。也可在此一階段提出下一單元相關的主題或指定學生預習的作業。此種安排可使學生了解本單元及下一單元主題之間的關係，並預先有所準備。結論階段通常以三至五分鐘為宜。

第六節　講述教學的要領

　　雖然講述教學仍然是當今學校教師最常採用的方法，但並非人人都擅長講述，教師必須了解講述法的適用性和限制性。

　　在講述過程中，由於教師用在口頭解釋、說明的時間佔去大部分上課時間，學生大部分時間都是在聽講而已，學生參與發問、討論活動的時間也相對地減少。長久下來自然形成教師主導教學、學生被動學習、在上課中只注意聽，卻很少開口的消極學習態度和習慣。根據心理學者的研究發現，純粹由聽覺所獲得的訊息較不易長期保留，學習的記憶量因下列情況而有差異（Clark & Starr, 1986）：

　　1. 能記住所「聽過」的百分之二十。

　　2. 能記住所「看過」的百分之三十。

　　3. 能記住所「聽過、看過」的百分之五十。

　　4. 能記住所「說過」的百分之七十。

　　5. 能記住所「說過並練習過」的百分之九十。

　　由上述分析可知，學生的學習如果偏重在看和聽，而缺少說和練習的機會，則能保留住的學習經驗不多。由於講述教學容易造成學生安靜聽講和看書的習慣，因此，學生上完課之後還能記住教師所說的內容往往不到一半，這種現象正是講述教學的限制所在。因此，教師要多提供學生說話、回答、發問及

練習的機會，才不致流於靜默式的教學。

　　因此，教師的講解、說明要力求清楚易懂，速度適中，音調有抑揚頓挫。此外，教師還必須把握下列各項講述的要領。

一、避免用模糊不明確的語詞

　　講述法特別要避免語意模糊。下列用語儘量避免使用，例如：大約、好像、似乎、無論如何、我猜想、也許、某些人、許多、不太好、可能、經常、一般而言……等。

二、避免講太久、太多、太快

　　中小學教師在正題階段講述所用的時間以十至二十分鐘為宜，在大學裡，最多則為三十分鐘。不應該整節課都是教師在講課。講述的時間如果超過一個小時，主講者就必須有高度的技巧才能避免學生分心或作白日夢了。其次，教師的講述內容不要太多，只講重點即可，避免學生記不住重要內容。要記得，教師講得愈少而學生講得愈多時，教學的成效愈好，反之，教師講太多、太久，學生會愈被動而喪失興趣。如果教師口若懸河，速度太快，學生會跟不上而有所遺漏。

三、應注意講述時的表情

　　表情要有親和力，經常露出笑容，不宜太嚴肅或者毫無表情（變化）。講述的動作要自然，不誇張、不輕浮。

四、要引發學生積極聽講

　　教師在講述時要隨時注意學生是否仔細聽講，教學生有效地聽講有下列要領：

　　1. 先告訴學生今天上課所要講的主題、目的、主要概念是什麼。

　　2. 在正式講述之前，先把可能使用的生字、專有名詞寫在黑板上。

　　3. 教材的呈現由淺而深，先解釋較難懂、易混淆的概念。

　　4. 教師的口頭表現必須生動引人注意。

五、善用教學媒體

　　教師在講述時不應照著教科書的內容從頭到尾、逐段逐字解說，也不宜指定學生照課本輪流朗讀。在正式的講述和演講時，教師常使用板書並利用各種教學輔助器材，包括幻燈機、單槍投影機等。教師在使用視聽教具時，要了解到只有對教學有必要的視聽器材才能稱之為教具，否則它只是錄音機、投影機而已。

六、多提供大綱、講義

　　除口頭講述外，最好能再提供講述大綱或其他相關的書面資料，如此將有助於學生的聽講、記憶和了解。

七、有問答的師生互動

在班級教學中，師生之間的口語問答扮演相當重要的角色。尤其在講述教學活動中，口頭的溝通佔大部分的時間。教師不宜講太久，要儘量採用發問，讓學生有參與學習活動的機會，才不致於使教學活動沈悶或枯燥。

待答問題

1. 想像孔子、蘇格拉底在講學時的情境。

2. 何謂概念？有哪些類別？

3. 何謂「例子」與「非例子」？分別舉例說明。

4. 闡釋概念教學的基本流程。

5. 舉例說明前導組體的意義與類別。

6. 何以講述法對於知識概念的獲得最為有效？

第14章

討論教學法

第一節　討論教學的意義

　　在許多流傳很久的教學方法中，討論法（discussion method）是其中之一，不過討論教學法流傳至今並沒有廣為教師所採用，特別是在我國中小學的大班級教學情境裡，並不常見。事實上，討論教學也有其獨特之功能，值得推廣應用。

　　在班級團體情境中採取討論教學法常以分成許多小組或小團體的方式來進行。因此又常被稱為小組討論法（small-group

discussion method）。換言之，小組討論法是一種將大班級分成若干小團體，藉由分組方式，讓每一位成員針對某些爭議或較複雜的主題提出各自的看法、意見，並尋求共識的討論歷程。師生之間及學生彼此經由討論可交換意見，也會有較多口頭溝通和互動的機會。它不像講述法只由教師獨自扮演教學的角色。

美國人文主義教育學者阿德勒（Mortimer Adler）是討論教學法的倡導者之一，他曾在芝加哥大學推廣討論法。他認為討論法可以增進學生聽說讀寫的能力，也可使學生思想更敏銳，引起好奇心、刺激想像力。例如音樂、藝術都可以在討論會中討論。

討論法乃是教師進行小組教學時適宜採行的教學策略。透過討論法的教學，可以提供學生表達和溝通意見的機會，透過討論可以使教學過程更生動有趣。討論教學的功能對於學生的認知、情意和技能的學習都有助益，茲再扼要歸結如下：

1.使學生更能深入了解教材內容重點。

2.透過腦力激盪，培養集思廣益、容納異見的態度。

3.透過討論爭辯可深入了解問題，並養成民主的態度。

4.透過小組討論，可以培養團體向心力。

5.可發展批判思考的能力。

第二節　討論教學的類型

一、以討論人數區分

若以討論人數來區分，討論的型態主要有下列二種：

(一)全班討論

是由全班學生共同討論某一主題，此種方式通常由教師主持討論。班會即是最常見的討論法，學生只需在原有的座位上即可參與討論。

(二)小組討論

將全班分成若干小組，就某些題材進行小組討論。每一小組約四至六人。

二、以討論技巧區分

若以討論技巧來看，討論的型態有下列三種：

(一)腦力激盪法

由美國學者奧斯朋（A. Osborn）在一九三八年所提倡的方法，主要是應用於企業界。主管常要求員工針對某些問題集思廣益以獲得問題解決策略的方法。若應用到學校教學裡，也是

一種簡單、有效的教學方法，它可以在沒有任何教學設備或資源的情境下進行。採用腦力激盪法的教學目標主要是在激發學生的創造思考能力。

參與此種類型討論的人數通常視討論時間的長短（十至二十分鐘）而定。如果討論的時間短，則參加討論的人數就要少些，一般以五至八人較為適宜。因此，在大班級情境裡，教師應先將全班分成若干個討論小組，並選出小組主持人。

至於腦力激盪法之實施步驟大致可以歸納如下：

1. 將全班分成幾個討論小組，並推舉主持人。

2. 教師提出討論主題並扼要說明腦力激盪原則。

3. 小組主持人引導討論。

4. 小組成員提出各項意見，愈多愈好，主持人對各項意見都不作批評。

5. 釐訂審核意見的標準，以獨特、新穎為原則。

6. 各組刪除不合適意見，得出合適意見。

7. 先分組提出合適意見，再統整為班級意見。

8. 評估各項意見之效用（可行性）。

在經過所有成員腦力激盪後所獲得的觀念或意見應該在下一節課時段中去嘗試所提出之解決策略以評估其效用。這種評估不應對成員構成批評或威脅，主要不是在評估其意見之好壞或價值。

(二)合作學習小組討論法

合作教學基本上是以學生的討論為核心。例如，拼圖法（Jigsaw）及拼圖法 II 的實施就是將學生分成五至六人的「學習小組」，小組中的成員各自負責閱讀學習材料的某一主題，然後各組負責相同主題的人再組合成所謂「專家小組」，進行小組討論。因此，在「學習小組」及「專家小組」中，每一成員均須參與討論。但討論教學法並不等於合作教學法。若只有討論活動而無其他必要的配套措施，此種討論並不能達成合作教學的功能。有關合作教學法的實施方式將於另一章詳加介紹。

(三)菲立普 66

這是由美國密西根州立大學的菲立普（J. Donald Phillips）所提倡的方法。其特色是六個人即可組成討論小組，並且在六分鐘討論完成。

採取菲立普 66 討論法時，教師先決定討論主題，並且分派或由學生志願組成小組。隨即在一分鐘內選出主持人和記錄，然後由教師在一分鐘內說明討論的問題。每位學生針對所要討論的問題在六分鐘內（每人發言一分鐘）討論完並由教師以一分鐘做扼要總結。故教師在此種小組討論中的任務包括決定討論主題、安排小組成員，開始討論後就從旁觀察。

菲立普 66 的討論法在概念教學活動中，極適於用來引導學生的學習心向（set induction）。這種討論型態也能夠迅速引起學生對於問題的注意力和好奇心。

第三節　討論教學的實施步驟

討論教學的實施程序大致分成三階段，即準備階段、討論階段、總結階段，以下即就各階段之實施步驟扼要說明。

一、準備階段

(一)選定討論主題

在準備階段教師必須先提出一些可供討論的題目或大綱，亦即「討論單」。適合討論的題目大都屬於開放性、思考性的問題，才能夠讓學生廣泛且深入地發表意見。認知性、記憶性、閉鎖性的問題較無討論的空間。教師可依據教學時間的長短，準備足供討論的題目，以「討論單」的型式發給每位學生，較方便討論。討論主題的擬定通常是教師在課前即須完成。

(二)進行學生分組

進行學生分組通常視班級人數多寡而定。在中學階段一班四十人，可分成六組或七組，每組六至七人。小組成員可採不同能力或性別的異質分組方式。小組討論的人數以六至七人較爲恰當。人若太少，會形成配對式的對談；人數若過多，例如超過八人時，所有成員間彼此的互動就消失了。

(三)安排適當場所及座位

在採用各類小組討論法時，教室或討論場地的選擇及討論成員的座位安排極為重要。討論座位的安排要適合「面對面」溝通，使每一位成員都能見到彼此的表情和動作。四方形、半圓形都是常見的型態，這些方式比較能夠使成員間順利互動，營造熱絡的討論氣氛。

(四)選出小組主持人及記錄

在分組完成之後，可由學生互推主持人及記錄。小組主持人必須能夠鼓勵每一成員都參與討論，能夠避免偏離主題，有效維持討論秩序。

二、討論階段

(一)說明討論程序

教師在正式討論前，應將程序扼要說明，包括討論時間、報告時間之長短、報告之方式、順序、討論規則、討論結果之評量等。

(二)扼要說明討論主題

教師要事先準備好書面討論單，將所要討論之題目發給每一小組的所有成員。教師可扼要說明問題的背景。

(三)進行分組討論

　　每一小組主持人必須引導每一位成員發言討論，並控制發言秩序和時間。此外，更要避免偏離主題，適時引導討論等。

　　教師在學生進行討論時，要巡迴在各小組之間，必要時可回答小組之問題。

(四)進行分組報告

　　每一小組報告人要根據小組討論之記錄上講台作簡短之口頭報告。

三、總結階段

　　在分組報告之後，學生仍可就各組之報告提出問題或意見。教師則根據各組報告之情形給予評論，並表揚優秀之小組或個人。此外，要針對所有討論問題作總結，使學生對於問題有更正確的認識。

第四節　討論教學的實施要領

　　討論教學的實施要領有四項，包括(1)避免偏離討論主題；(2)控制討論時間；(3)有效維持討論秩序；(4)讓每一成員參與討論。茲分述如下：

一、避免偏離討論主題

　　討論教學常面臨的一項難題就是要避免小組成員常會在不知不覺地廣泛交換意見時離開主題，也常會在熱烈的氣氛中失去討論的焦點，成為高談闊論。因此，教師在進行小組討論教學時，要經常提醒各小組主持人把握問題的重點，避免偏離教學主題。

二、控制討論時間

　　小組討論時間的長短和題目的多寡須視小組成員人數及討論型態而定。在中小學裡每一節課的時間只有四、五十分鐘，因此，討論的題目以三題為宜，每題約有十分鐘的討論時間。若題目過多，討論時間就會不足，而無法充分討論。

三、有效維持討論秩序

　　在進行小組討論時，要避免產生音量過大、相互干擾的現象。每一小組在發言時，聲音以小組成員都能聽見為原則，不宜大聲喧嘩或放言高論。主持人應維持討論的秩序，達到零吵鬧（zero noise）的情境。此外，討論有時會有爭議的情境，主持人須採中立的態度，也可利用幽默的話來緩和衝突，採用表決的方式，或延至下次再討論等。

四、讓每一成員參與討論

　　小組主持人要鼓勵每一成員都能發言，參與討論，也要避

免某一成員發言過多或所有人都不發言的現象。

 待答問題

1. 人文教育學者阿德勒除了提倡討論法外，還有哪些教育主張？

2. 分析討論教學和講述教學的優缺點。

3. 試擬五個適合討論的題材。

4. 就討論教學的「準備階段」各項步驟進行實際演練。

第 15 章

合作教學法

第一節 合作教學的意義

一般而言,教學的型態可分成個別、團體及小組教學。至於學習的型態,相對地也可分成個別、團體及小組學習等三類型。在今日學校的大班級情境中,無疑的是以團體的教學型態為主,個別及小組教學為輔。

從教師的角度來看,合作教學是一種在大班級情境中將學生分成小組,以討論法來進行的教學行動。若從學生的角度來

看，是以小組學習爲主的學習，也因此，「合作教學」和「合作學習」常被交互使用，有時也稱爲合作學習教學法。

　　合作學習是一種以小組的方式所進行的學習型態或模式，但並非任何一種小組學習都可稱爲合作學習。真正的合作學習必須能使每位學生爲自己及小組團體的成就負責。強生兄弟（Johnson & Johnson, 1999）認爲合作學習的意義，是指小組成員在共同努力達成目標下，建立起正向積極、互信互賴的關係，並且面對面的互動學習。而真正的合作學習與傳統教學情境下的學習情況是相當不同的。

　　合作學習法是以學生爲中心的教學方法，所以教師所扮演的角色會與傳統以教師爲中心的角色不同。採合作學習法時教師必須安排相互依賴合作的學習環境，才能使學生的學習達到應有的成效，不然只會流於一般小組討論的形式，成爲無效的合作。

第二節　合作教學的理論

　　合作教學的理論基礎主要來自社會互賴理論（social interdependence theory），而此一理論最早則源自於一九〇〇年代完形心理學派創立者之一的考夫卡（Kurt Koffka）。他認爲小團體的成員會相互依賴，但團體是動態的，團體成員間的互賴也是多變的。之後另一位完形心理學家勒溫（Kurt Lewin）在一九二〇至一九三〇年間進一步提出團體動力學說，認爲當小組有

任何成員或是次團體產生變化的時候，其他的成員或是次團體也會產生改變。藉由小組成員內部的緊張會引發小組成員共同完成團體目標的動機。隨後勒溫的學生杜茲（Morton Deutsch）進行「社會互賴」理論的研究，並提出了三種目標結構理論，分別為合作、競爭及個人的目標結構；美國的學者強生兄弟即根據此一理論應用到學校教學情境中（Johnson & Johnson, 1999）。

合作學習主要根據社會互賴理論。此一理論將社會互賴的類型分為合作與競爭。合作指團體成員相互依賴並共同達成目標，亦即，由於個人的努力和互助，使團體獲致優勝後，個別成員才能達成目標。競爭則是團體成員相互對立的追求目標，個人只有在挫敗他人之後才能達到目標。而彼此之間若沒有互動則為獨自努力。

社會互賴理論認為團體互賴的類型決定其彼此之間的互動與成果。合作學習小組在積極互賴中產生積極的互動，使每一成員能共同努力達成目標。而合作雖然是重要的方法，但並不意味對競爭和獨自努力的忽視。無論是合作、競爭和個別學習都可在其適當的情況下，達到有效的成果。真正的合作學習除了小組積極互賴以外，應包含面對面的互動、個人績效責任、社會技巧以及團體評量等基本要素，使小組成員在有效的合作下相互依賴成長。

根據此種理論，教室情境裡的學習若採用分組的方式將班級分成幾個學習小組進行小團隊的學習，將可使班級內部的小組成員獲得相互幫助學習的機會，使成績好的學生協助成績較

低的學生，從而提升學習成效。

　　根據社會互賴理論，合作教學要有成效，應具備下列幾項特徵或要素：

一、有積極互賴的關係

　　在傳統的班級，學生感受到的是競爭的氣氛，這是消極的互賴，但在合作學習的班級，學生彼此則是積極的互賴，團體的成功，就是個人的成功。也因此，教師要設法建立積極互賴的關係。例如讓成員有參與感、資源的互賴、角色的分配、任務的分配、獎勵優秀小組等方式來建立小組積極互賴的關係。

二、有個人績效責任感

　　在合作學習的班級，每一小組成員都要盡自己最大的努力去完成學習任務，亦即，每位成員都有其應盡的責任，只有每個人都完成任務，小組才可能達成目標，才能勝出。也因此，教師採取合作式教學，也要設法養成個人績效責任感，目的在使小組每一成員對小組的表現都盡責。可以採取讓每一個人解釋在其他同學身上學習到什麼，或觀察每一組成員的表現，並且給予有貢獻的成員認同等方式，來使學生建立個人績效。

三、有面對面的互動

　　在合作學習的教室，學生經常有互動，彼此協助功課，能夠分享他人的見解，能達成某些共識。教師為了確保有效的互動，小組成員要面對面一起討論，共同解決問題、彼此幫助學

習，此種互動的過程可以增進人際關係的和諧。

四、能發展社會技巧

　　合作學習的班級提供機會使小組成員發展在學校學習所需的社會技巧。這些技巧包括有效的表達溝通技巧、理解、體諒、感謝他人的能力，作決定、解決衝突和妥協的技巧等。教師要發展社會技巧，必須採循序漸進、重複練習的方式。

五、經常小組評鑑

　　在合作學習的班級，每一小組都要自我評鑑、檢討整組的表現是否完成目標、有何方法可讓整組成績進步或增進互動。小組可在分組討論時進行小組的評鑑。因此，教師可要求每一小組填寫書面報告或小組自我評量的表格來幫助小組反省改進學習的狀況。

第三節　合作教學的功用

　　傳統的大班級教學雖然是三、四十人聚集在一個班級內，但每位學生都各自有指定的座位，終日獨自在座位上學習，很少與其他人合作學習，不僅不習慣與人合作，反而常和別人競爭。因為一位學生的優勝或成功，勢必減少或阻撓其他學生成功的機會。班級教學除了少數藝能學科如音樂、體育外，多數

學科缺少機會去發展學生的合作習慣和能力。合作教學可以養成學生合作技能，使學生日後在成人社會中除了能與他人競爭外，也能彼此合作、幫助。

透過合作學習也可增進學生的聽、說表達及溝通能力，及異中求同與解決歧視的能力等。來自不同背景、程度的學生若有較多的機會合作學習，將會建立正確合適的態度去善待不同文化背景、生活經驗的學生，有助於學生團體關係的改善。在合作學習過程中，團體成員必須相互幫助而不是彼此競爭。此外，個別成員必須儘量力求優越成績表現來提高團體的成績。亦即彼此分工、合作、力求卓越，成績佳者將可學會如何協助成績低者，反之，成績低的學生則可因而受惠，使得學習進步。透過團體的獎勵，對於激發低成就學生的學習動機更為有效。合作學習使置身於成功的團體中的每一成員都能獲得成功的滿足，從而建立自信心，養成榮譽感，特別是成績較低的學生獲益更多。

簡言之，合作教學的主要功能有三，其一是可以增進學生彼此的溝通互動和了解能力，其二是可以培養學生的合作能力，其三則是可以養成學生善待同學的態度，增進同學感情，相互關懷，建立良好的人際關係。

第四節　合作教學的類型與實施步驟

許多學者發展出各種類型的合作學習法，如約翰霍布欽斯

大學的史拉芬（Robert Slavin）和其同事所提出的「學生小組學習法」（student team learning，簡稱STL）就包含了好幾種合作學習的方法，其中「學生小組成就區分法」（student's team achievement divisions，簡稱 STAD）、「小組遊戲競賽法」（teams-games-tournament，簡稱TGT）和「拼圖法II」（jigsaw II）等三種最為常見。還有「小組加速教學法」（team accelerated instruction，簡稱 TAI）、「合作統整閱讀寫作法」（cooperative integrated reading and composition，簡稱CIRC）。至於其他學者所提出的許多合作學習法，有共同學習法（learning together）、團體探究法（group-investigation，簡稱 GI）。以下僅就拼圖法及拼圖法II的實施方式加以介紹。

拼圖法最初是由美國的阿諾森（Elliot Aronson）與其同事在一九七八年共同發展出的合作學習模式；以五至六人為一異質的學習小組，教師將完整的學習單元分成若干主題或段落，分別由小組的每一成員負責其中之一部分。每人都先閱讀所負責的主題，然後透過專家小組的討論，使之更加精熟所負責的內容，最後在小組討論中每位成員都分享及教導其他的組員，使小組成員都能對主題有完整的學習。

史拉芬在一九八七年將拼圖法加以修正，將個人評量與進步成績計算方式加入原拼圖法內，成為拼圖法II。拼圖法II適用於概念性的學科領域，如人文社會學科。拼圖法II增加「專家小組」的步驟以外，其餘皆與原始拼圖法相同。以下為拼圖法II的具體教學步驟（Slavin, 1990）：

一、團體教學

由教師面對全班學生講解單元的重要概念，使學生對於學習內容有一初步的概念。團體教學約十分鐘後即根據原先的分組進行合作學習。

二、進行異質分組

大致依照學生的成績、性別來進行分組，每一小組以四至五人為原則，稱之為學習小組。

三、學習小組閱讀

各學習小組分配討論題目後，每一成員都需閱讀其所負責的主題內容。而分配任務的方式可採隨機的方法，也可以事前依目的而設計安排。

四、專家小組討論

各組負責相同題目的成員聚集成「專家小組」進行討論，互選主持人，每一位學生都要發表自己的意見，並將小組討論結果帶回原屬的學習小組作心得報告。

五、學習小組討論

每一成員必須將在專家小組所討論的結果講給小組成員了解，每人發言以五分鐘為原則。主持人最後要歸納全部討論主題的重點和結論。

六、單元評量考試

討論完成之後，教師即進行評量考試，通常以紙筆測驗來評量每一位學生的學習狀況。評量結束後即計算個人進步成績和小組進步總成績。

七、學習成就表揚

教師根據個人及小組總成績來表揚進步成績達某一標準的優秀小組和個人，可利用獎狀、班刊或班級公佈欄等方式，使表現優異的小組和學生獲得全班同學的稱讚和鼓勵。

八、計算成績

史拉芬採用自我參照指標的評量方式來評量個人及小組的學業進步分數。其計算方式如下：

㈠個人進步分數的計算方法

先計算個人的基本分數，再以單元評量考試成績減去個人的基本分數後，換算成個人的進步成績。基本分數的計算可採學生過去成績或是前兩次的單元小考成績來做為換算的基準。且每隔兩週調整基本分數；就是將原有的個人基本分數加上後兩週評量考試成績，再計算其平均數，以當作下一次換算進步成績的基本分數。而進步成績換算的方式是先將小考得分－基本分數＝X，再以 X 所介於的範圍換算成進步分數，其換算標準如下：

1. 當小考分數減去基本分數小於等於負 10 時（X ≦ － 10），其進步分數為 0 分。

2. 當小考分數減去基本分數介於負 10 與 0 之間時（－10 ＜ X ≦ 0），其進步分數為 10 分。

3. 當小考分數減去基本分數介於 0 與正 10 之間時（0 ＜ X ＜ 10），其進步分數為 20 分。

4. 當小考分數減去基本分數大於等於 10 時（X ≧ 10），其進步分數為 30 分。則為「表現優異」。

5. 而基本分數為 90 分以上的學生，若下一次小考成績能維持在 90 分以上，則算是「表現優異」，其進步分數為 30 分。

(二)團體進步分數的計算方法

團體的分數則是以每位成員的進步分數的平均數來表示。而小組的表揚標準可以由教師自行設計，使小組的進步成績只要達到某一標準即可獲得獎勵，小組之間也就沒有競爭的需要。

第五節　合作教學的教師角色

在合作學習的教學情境中，教師的角色與傳統的大班級教學中有所不同。教師的角色只是協助者，學生才是學習的主角。在準備階段，教師的任務有二，一是教材的內容重點分析；二

是學習指引、討論主題及評量試題的編製。

在實際教學階段，教師的任務有二，一是扼要地向全班講解重要概念；二是在合作學習的過程中巡迴各小組提供必要的協助，例如回答學生問題、指導學生合作的技能、維持討論的秩序。在合作學習中，教師能夠觀察到學生的社會技能是否足夠、正確。當學生的社會技能不成熟時，教師有責任加以指導。

在合作學習中，教師的講述時間短，學生分組討論時間長，教師可有較多的時間觀察學生在學習過程中的表現，例如是否積極參與討論，進而提供必要的協助。

教師的另一項任務則是學習評量和成就表揚。合作學習不只是針對學習過程加以評鑑，也要針對學習結果加以評鑑，以了解學習績效，進而提供獎勵。評量宜兼顧兩方面，可以採用測驗方式，也可以採口試的方式。評量的標準是採自我參照指標（self-reference criteria）將學習成果或表現與自我既定標準相比較。此外，表揚或獎勵宜以小組總成績為表揚依據。

簡言之，教師在合作式教學中所扮演的是學習輔助者及教學活動的經理人角色。教師採行合作教學必須在學期開始前做好妥善的準備工作，包括教材、討論單、學習指引、評量試題等。而在實際教學進行中，教師更須進行教室管理、維持討論秩序、回應學生之問題，教師所負擔的工作比傳統的教學方式更加沈重。但合作教學的教室氣氛卻比傳統講述教學要更加的生動活潑有趣。目前國內國中、高中及大學階段也都有教師嘗試合作教學，其教學成效大都獲得肯定。

待答問題

1. 合作學習與合作教學的意義為何？

2. 闡述合作學習的特徵。

3. 合作教學的基本理論為何？

4. 拼圖法和拼圖法 II 的區別何在？

5. 合作教學在我國大中小學的適用性為何？

6. 從教師與學生的角度分析合作教學法的優缺點。

第 16 章

探究發現教學法

第一節 探究教學的意義

探究教學法（inquiry teaching method）或稱為發現教學法（discovery teaching method），也是一種淵源很久的教學法，與古希臘哲學家蘇格拉底所提倡的「詰問法」頗為相似。

蘇格拉底所採用的詰問法，又稱為「產婆法」，與今日所稱的「探究法」意義相近。從《柏拉圖對話錄》一書中可以了解蘇格拉底詰問法之意義。產婆法說明了知識是一種「發現」

而不是「發明」，有「引出」、「誘發」之意，將知識引出如同產婆的接生嬰兒般。蘇格拉底與學生的問答和對話，主要是在誘發學生自行去「探究發現」問題，重視的是思考的過程，強調的是學習的方法，而不是學習的內容。在探究發現過程中，讓學生自行孕育出各種觀念。他並不告訴學生答案，而是讓學生自己去發現答案。因此，「探究」一詞和發現、問題解決、歸納思考等概念在教學上之意義均極相近。

到二十世紀初杜威（John Dewey）最先倡導問題解決方法，杜威認爲問題解決乃是思考的結果，而思考的歷程是一種探究和深入調查的歷程。所謂探究就是去尋覓目前還未知、未有的知識或事物。它包括下述步驟：(1)問題的發現；(2)情境的觀察；(3)形成合理的假設；(4)實際進行考驗。

另一位教育家布魯納（J. S. Bruner）在《教育的過程》（*The Process of Education*）一書中提出發現教學的主張。布魯納認爲教學不在於增加某一學科的知識，而在使學生爲自己而學習。求知是一個過程而非成果。學生並非只是知識的接受者，而應該是主動的探究者。對布魯納而言，探究是指由學生主動去探尋並尋求解決問題的過程。

美國著名的科學教育學者赫德（Paul Hurd）倡導中小學科學課程要重視學科知識的結構，教學要以探究發現及問題解決方法爲主，重視學生親自參與各項活動。

另一位美國學者蘇克曼（Richard Suchman）在一九六〇年代在生物及物理方面進行一系列有關「探究訓練」（inquiry training）的課程實驗，對於美國中小學校自然學科的教學有極大

的貢獻。蘇氏認為探究教學的意義是教學生「發現」和「提出問題」來解決問題的教學法。換言之，探究教學除了讓學生學習解決問題外，探究的方法及過程也是教學的目的。透過探究的教學，學生可學習到科學研究的方法。

第二節　探究教學的類型

蘇克曼認為探究教學法可以區分為指導式探究（guided inquiry）及非指導式探究（unguided inquiry）兩類，此種分類主要是以學生和教師在探究過程中所扮演的角色為依據。教師可以從積極的監督指導（指導式探究）到沒有任何的監督指導（非指導式探究）。蘇克曼的探究教學模式是以非指導式探究為主，指導式探究為輔。若以探究的方法及策略來區分，又可分為：(1)矛盾事件法；(2)問題解決法；(3)歸納法；(4)演繹法。茲分述如下：

一、依教師角色區分

(一)指導式探究

教師採行指導式探究法可在學生進行探究之前或在探究之中給予指示和引導，而後再讓學生實際進行探究並自行發現答案。指導式探究法的主要目的有二，其一是在教導學生學習（teaching learners to learn），亦即在協助學生「學習如何學習」

（learning how to learn），這種「學習方法的學習」有助於學生發展較高層次的思考能力，如分析、歸納、演繹等能力；目的之二則是在教學生進行調查和研究。

指導式探究教學活動兼顧了教師及學生的角色。教師所扮演的指導角色與學生的年齡及心智發展有關係。愈低年級，教師必須提供更多的資料，給予更多的指導。反之，年級愈高，教師的指導就愈少。若在小學階段採用指導探究法，則學生在中學、大學階段將較能夠進行自由的發現或獨立探究。

採取指導式探究時，教師必須設計教學情境並提供指導。教師要擬定目標，選擇適當問題，供學生獨自去學習了解概念。但教師並不提供明確的定義或書面資料、教材，這些都由學生自行去收集解釋。其次，學生要對教師提供的問題或例子作解釋、說明反應，並且根據他自己及其他同學的觀察去建立某種有意義的關係。學生思考的過程是由特殊的觀察到推論，此外，教師也可以採取發問的策略，扮演提問的角色，但不回答學生的問題。

指導式探究具有下列七項特徵：

1. 學生思考的過程是從具體的觀察到推論。
2. 探究的目的是在學習調查研究的過程並獲得適當的推論。
3. 教師負責控制各項資料、器材，扮演的是領導的角色。
4. 學生利用教師所提供的材料進行觀察並發現答案。
5. 教室如同實驗室。
6. 探究結果常會有些不適當的推論，需要刪除。
7. 教師要鼓勵學生將自己的推論報告給其他同學。

(二)非指導式探究

根據美國科學教育學者卡林及桑德（Carin & Sund, 1985）的觀點，學生要從事非指導式的探究學習時，必須能夠自己去「發掘問題」，提出他們所想要探討的問題所在。學生還要選擇探究方法收集資料、進行推論、提出結論。在探究過程中，學生所扮演的是主動、積極的角色，而教師是居於協助的地位，不給予任何指導。在整個探究過程中完全由學生自行去決定所需收集的資料，並加以歸納、推論，最後自行解決問題。換言之，要根據學生所具備的各種過程技能去解決問題。

非指導式探究教學的過程具有三項特徵：

1. 教師在整個過程中只控制材料和提出一個簡單的問題。
2. 學生從個別的觀察、推論以及班上其他人的探究中獲致有意義的關係或型態。
3. 教師要鼓勵每位學習者能提供自己的推論來與班上其他人分享，而使所有同學獲益。

以上三項是非指導式探究的特徵。不過，在中小學階段教師常扮演的是領導者的角色，也不常採用非指導式的探究。

二、依探究方法策略區分

(一)矛盾事件法（discrepant event approach）

這是利用某種矛盾現象或事件來引起學生探究學習動機的一種方式。由於某種矛盾的事件會使得觀察者產生疑惑，進而

想去探求事件的真象。採用矛盾事件法時，教師可利用實物展示、表演、影片或口頭提問等方式來顯現矛盾的事件。例如將乒乓球靠近水龍頭的水流時，球會產生接近的現象。

(二)問題解決法（problem-solving approach）

這是促使學生日後真正進行調查研究的方法過程之一。教師必須提供某種有意義的問題情境來協助學生應用各種技能及知識去解決他們所要探究、想要解決的問題。

因此，教師首先要陳述問題的背景，其次要讓學生有機會去收集資料，提供解決問題的假設，最後一步是要讓學生去分析資料，提出解決之道。教師所提供的問題應避免從課本的練習題中選出。教師宜就實際生活中所遭遇的問題情境選擇富有挑戰性，並能引發學生興趣的問題。

(三)歸納法（inductive approach）

歸納法是指將許多個別或特殊的事件歸結出某種原理或原則。在進行探究教學若採取此種方法時，教師必須提供一種學習情境以便學生能發現某種觀念或原理。通常是讓學生先行認識到某種觀念的實例或特性，然後再讓學生去下定義，去進行討論。

在自然科學教學的探究活動中較常採用歸納的方法，較重視歸納思考能力的培養。

(四)演繹法（deductive approach）

演繹法是要根據一般的原理原則來推論特殊的事件。此種

方法是先使學生對事物的名稱及概念有了認識,然後再讓學生去經驗事物的特性。換言之,學生是先認識了規則而後實例。由於學生不須自行去找尋資料或衡量事物,此種方法在本質上是屬於講述教學(expository teaching)及接受教學(reception teaching)的性質。不過,教師可在第一階段先採行講述的方法,說明某種原理或規則,然後在第二階段採用探究發現法,讓學生去發現觀念或原理的實例。傳統的社會科教學較常採用講解、說明的方法,教師常將原則、假設、意義等直截了當地告訴學生,要求學生記憶或背誦,此種方式是忽視了第二階段的發現探究活動。在自然科的教學若採演繹的方式,則可兼顧講述及探究。

第三節　探究教學的過程與步驟

　　探究的過程可細分成下列十三項:觀察、分類、使用數字、測量、使用時空關係、溝通、預測、推論、操作性定義、形成假設、解釋資料、控制變項及實驗。這些探究的過程也是技能,因此常被稱為過程技能(process skills)。前八項稱為基本過程技能,後五項稱為統整過程技能。學生在從事探究活動時必須具備上述的技能。

　　蘇克曼所提出的探究模式(inquiry model)可以說是今日探究教學中最具代表的教學模式。他將探究教學分為下列幾個步驟(Gunter, et al., 1990):

1. 教師先選擇某一種有趣的問題，通常是一種矛盾事件或是某一類神秘事件，例如飛機經過百慕達三角地區會神秘失蹤的事件。

2. 教師要先向學生說明整個探究的過程和規則。

3. 引導學生提出各種假設的問題。

4. 學生驗證自己所提的各種假設論點，逐漸發展可能的解決策略，並將之寫在黑板上。

5. 全班學生進行小組探究，討論這些策略的合理性，並由個別學生解釋其建立過程。

6. 策略被全班接受後，假設即告成立，隨後教師即指導學生討論它的應用性和價值。

事實上，蘇克曼的探究模式基本上即是一般科學方法的基本步驟。從選擇與界定問題到陳述假設，再執行研究程序，隨後收集、分析資料，最後則拒絕或接受假設。蘇氏的探究步驟與一般科學研究流程則如下頁圖所示。

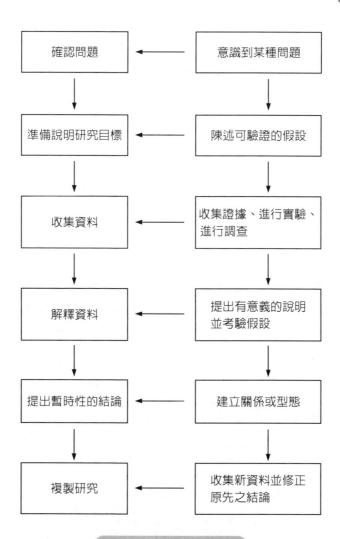

圖 16-1 探究基本流程

第四節　實施探究教學的難題

　　探究教學法強調教學過程要以學生的探究活動爲主，讓學生自己根據現有的知識資料，積極地從活動中去找尋問題並探究答案。這是一種以學生爲中心的教學，因此，教師在活動過程中只是扮演輔助學習或誘導的角色。雖然探究法在自然學科的教學上極有價值，但是在實施上卻有些困難；由於學校缺乏儀器設備，使得教師在教室內不易採行探究教學。如果沒有必要的器材，學生在探究過程中就無法進行各種實驗。教師也會發覺此種方法除了少數聰明的學生外，對多數學生常形成困難。探究法在先天上還存在的一大難題則是「時間」，探究法比傳統教學法需要有更多的時間，例如教師的發問、學生的提問、學生操作器材等都需要用更多的時間。這些都是採行探究教學所必須克服的難題。因此，雖然探究法在各科教學上都有其價值，但在中小學教學情境中卻不易採行。

待答問題

1. 請由《柏拉圖對話錄》一書中舉例說明蘇格拉底如何「詰問」。

2. 闡述杜威的問題解決法。

3. 查看布魯納《教育的過程》一書之內容綱要。

4. 探究教學的基本過程爲何？

5. 教師在採用探究教學時所擔負的任務有哪些？

6. 何謂「過程技能」？

第 17 章

創造思考教學法

第一節　創造思考教學的意義

　　創造思考（creative thinking）是人類心智中較高層次的一種能力，人類文明的不斷進步與人類的創造思考能力有密切的關係。創造思考的內涵可分從「創造」與「思考」兩方面來說明。

　　創造一詞具有「賦予存在」（to bring into existence）之意，本是一種「從無到有」之歷程。在本質上，創造是屬思考能力之行為表現，故又常將兩詞合用。在心理學上有關創造力的研

究，自一九五〇年後廣受重視。但學者對創造的內涵見解並不一致。創造可以是指完成一幅名畫，也可以是指發現一顆新星，或是烹調出一道美食。

　　我國教育學者賈馥茗（民63）認為創造是人類利用思考的能力，經過探索的歷程，藉著敏感、流暢與變通的特質，做出新穎獨特的表現。它是人類脫離習慣性思考方式而改用另一全新運作型態之行為表現，是用新方法、超越常規、打破慣例，進行探索的高度藝術行為表現。

　　至於「思考」一詞，在日常生活中更廣被使用。例如動腦筋、想辦法、思索、考慮等皆是用來描述「思考」的作用。我國的學者張玉成（民82）對思考的界定是指個體運用智力以現有知識經驗為經，以眼前資訊為緯，從事問題解決或新知探索的心智活動過程。就此而言，智力與思考關係密切，但二者並不相等，智力可視為思考的動力，思考則是智力潛能表現的工具，也是一種運作技巧，兩者相輔相成。創造思考的本質大致如下：

　　1. 創造思考是屬高層次的認知歷程。
　　2. 創造思考強調無中生有，但並非妄想，須以知識經驗為基礎。
　　3. 創造思考是有目的之行為。

　　綜上所述，創造思考教學的意義是指教師根據創造力發展的原理，在教學過程中採取各種教學方法或策略，以啟發或增進學生創造力、想像力為目標的一種歷程。因此，就實際的運

作而言，創造性教學不宜視爲某種「特定的」教學方法，而是泛指各種融合創造思考原理原則所設計的教學活動歷程。

第二節　創造思考教學的原則與策略

　　創造性教學在本質上是屬於思考性的、問題解決的，它與傳統上的各種教學法並不衝突，而是互爲輔助的。例如採用討論法也可表現出創造性教學的各種特徵。換言之，創造性的教學可與其他的教學方法兼容並包，交互運用。

　　不過，無論中外，學校的教學常偏重講述記誦的知識教學，創造性、思考性的教學較不受重視。美國教育學者威廉斯（Williams, 1972）即指出，幾乎有四分之一到二分之一的學校上課時間是用來告訴學生要做什麼，另有四分之一的時間是在提供管理性質的消息，只有百分之五用來激發學生的反應，但在加強創造性的反應方面幾乎都沒有。我國學校的教學也是如此，大部分時間皆用在死知識的記憶，創造思考的教學皆遭忽略，這正是我國教學上亟待克服的難題所在。

　　教師在進行創造思考教學所要把握的原則有六項：

　　1. 要有自由、和諧、民主式的教室氣氛。

　　2. 要能接納學生不同的意見，容多納異。

　　3. 鼓勵學生獨立的學習。

　　4. 善用發問技巧。

　　5. 創造性教學並不限定在某一科目中實施，可在各種合適

的科目中實施。

6.創造性教學並不要求教師在整節課中實施，還可以兼採
其他教學方法。

　　創造思考教學最常使用的技巧或策略，就是發問技巧。陳
龍安（民 77）對於創造思考及教師發問技巧提出許多策略。以
下僅就陳龍安所歸納的四項創造思考發問技巧介紹於后：

㈠「假如」的問題

　　例如：「放學時，如果下雨又沒帶傘，你會怎麼辦？」

㈡「比較」的問題

　　例如：「人腦和電腦有什麼不同？」

㈢「替代」的問題

　　例如：「如果你去郊遊，卻忘了帶茶杯，你可以利用什麼
東西來替代它？」

㈣「除了」的問題

　　例如：「要到美國去，除了坐飛機之外還有什麼方法？」

　　以上係陳龍安所歸納的四種發問技巧，這些都屬教師在「提
問」時可供採行的技巧。除了提問之外，教師更應掌握候答及
理答的技巧。此一部分可詳見本書其他章節。

　　美國的奧斯朋（A. F. Osborn）所發展出的創造思考策略也
可供參考，茲再介紹於后：

奧斯朋使用檢核表的方法擴張思路、刺激新構想、增加新觀念。事實上檢核表即一份列有問題或事物改革方向的清單，可引導創造者逐一查核以獲得新的觀念。

下面是奧斯朋用來激發新觀念的一些問題（張玉成，民72）：

1. 有其他用途嗎？有其他新的使用方式嗎？

2. 意義、顏色、形狀、外貌可以修正或改變嗎？

3. 可以加些什麼？次數？時間？

4. 可以減少些什麼？可變小些嗎？

5. 可被代替嗎？誰來代替？用什麼代替？

第三節　創造思考教學的實例

美國教育學者威廉斯（Williams, 1972）所歸納出的十八種創造思考教學的策略也常為國內學者所採行。陳英豪等人（民75）即曾應用威廉斯的十八種教學策略，設計出一系列的創造思考教學單元。以下特摘錄其中一個單元教學策略實例供參考：

《實例一》

1. 教學方法：(1)歸因法　(2)類比法

2. 目　　的：啟發流暢的思考與好奇心

3. 適用課程：語文、自然

4. 內　　容：教師建議班上的學生儘可能舉出很多吃的東

西，這些東西是與人類身體的各部分或身體
特徵有關聯的，他們的回答如下：

馬鈴薯—眼睛

甘藍—頭

玉蜀黍—耳朵

胡蘿蔔—鼻子

然後教師又要同學們儘可能想出與食物特徵
有關的形容詞，例如「紅得像甜菜，酸得像
檸檬，冷得像胡瓜，甜得像蜂蜜」等。

我國教育學者張玉成（民82）亦列舉若干則運用發問技巧
來增進各科創造思考教學之實例，僅摘述其中一則於后供參。

《實例二》

1. 科　　別：國語科
2. 單元名稱：樹的醫生
3. 課文內容：

啄木鳥飛到樹林裡，停在一棵樹上。他看見這棵樹
的樹葉，有些變得又黃又乾。啄木鳥想，這棵樹也許有
病了，他要給樹治一治病。

啄木鳥先用爪子抓住樹幹，再用長嘴在樹幹上敲一
敲，他的樣子就像醫生給人看病，他敲到一個地方，發
現聲音不同，知道裡面有了蟲，他就把樹幹啄一個洞，
從樹洞裡拉出蟲子來吃。

啄木鳥把蟲吃了以後，沒過多久，這棵樹就長出新的葉子來，啄木鳥真是樹的好醫生啊！

4.問　　題：(1)樹有沒有病，除了可從枝葉是否枯黃來判斷外，還可以從哪些現象來推斷？

　　　　　　(2)啄木鳥用牠的尖嘴敲打樹幹，從發出的聲音推斷裡面有沒有蟲，這個技巧（道理）在我們日常生活中可以應用嗎？應用在哪裡？

　　　　　　(3)你能想出新的標題來取代本課標題「樹的醫生」嗎？

第四節　實施創造思考教學的難題

　　我國中小學校教師在實際教學時並不常採行創造思考教學，主要是面臨下列幾項難題：

一、創造思考教學的時間不易掌握

　　在實施創造思考教學時，往往一個問題的討論，費時極多，教學的時間和進度不易掌握，使很多教師不敢輕易採行。

　　目前學校各科的教學大都有其教學進度，且教學內容繁多，多數教師在趕進度的情形下，照本宣科都來不及，遑論實施創造思考教學。

二、創造思考教學情境不易掌握

　　創造思考教學強調開放的思考,教學方式極富有變化,對學生的答案不加批判,因此許多教師不易掌握教學情境。創造思考教學要達到效果,教師應能運用一些創造思考的策略,但目前創造思考的策略頗多,許多教師並未受專業訓練,很難靈活運用。

三、創造思考教學的評量不易

　　創造力注重自由發揮,擴散思考,不強調標準答案,評量的方式不定,標準不一,缺乏客觀性,教師實施起來更形困難。多數教師仍以分數及知識的獲得為評量教師教學成效的標準。傳統的教學方式較有助於學生分數的提高,因此許多教師不願採行創造思考教學。

　　創造思考教學雖然有以上的限制,但教師若能在教學上以較民主開放的心胸,接納學生的意見,鼓勵學生勇於思考與表達,將可增進學生創造思考的能力。因此,學校教師應逐漸採行創造思考教學策略,不斷地嘗試各項策略,將可突破以上種種限制。

第五節　創造思考教學計畫實例

　　臺北市教育局自民國七十二年訂有「臺北市國民小學各科實施創造思考教學計畫」作爲各國小辦理創造思考教學的依據。在國民中學方面則訂有「七十三學年度公私立國民中學推展創造思考教學實施要點」。以下再摘錄國民中學國語科創造思考教學活動設計實例一則供參考：

表 17-1　臺北市國民中學國文科創造思考教學計畫

單元名稱	春	教材來源	第四冊　第六課
問題設計		教師引導策略	
一、「春天的腳步近了。」你瞧見春天到了什麼地方？		一、本問題採用「何處」的策略，目的在使學生從季節變動中觀察大自然的變化而加以描述。 二、參考答案： 　㈠在田間，種子全張開了惺忪的睡眼。 　㈡在荒野，小草們爭著鑽出土來偷瞧。 　㈢在樹梢，嫩綠枝條都在盈盈淺笑。 　㈣在花叢，蜂蝶舞出迎春的戀曲。	
二、小草「偷偷地」從土裡鑽出來，你認為可用哪些疊字（詞）代替「偷偷地」這個語詞呢？		一、本問題採用「替代」的策略。目的在使學生了解並熟悉詞句的靈活運用，以增強文字的表達能力。 二、參考答案：	

（下頁續）

（續上頁）

	㈠輕輕地。 ㈡悄悄地。 ㈢匆匆地。 ㈣怯怯地。 ㈤急急地。 ㈥忙忙地。
三、你知道在春天開花結果的果樹有哪些，請列舉出來？	一、本問題採用「列舉」的策略，目的在引導學生從課文的學習，進而對自然界的認識和探討。 二、參考答案： ㈠桃樹。 ㈡李樹。 ㈢杏樹。 ㈣梨樹。 ㈤櫻桃樹。
四、鳥兒清脆的喉嚨唱出宛轉的曲子。你知道有哪些狀聲字詞或諧音能描摩哪種鳥的鳴叫聲？	一、本問題採用「模擬想像」的策略，目的在使學生增進對狀聲詞的認識與運用。 二、參考答案： ㈠不如歸去——杜鵑。 ㈡苦！苦！苦！——鴿子。 ㈢七哥哥——鷓鴣。 ㈣吱！吱！吱！——麻雀。 ㈤啁啾—泛指鳥鳴。
五、春雨最富詩意，引人遐思，你能聯想到哪些詞句可以形容春雨呢？	一、本問題採用「聯想」的策略，可配合課文第五段加以提示，目的在訓練學生的聯想。

（下頁續）

（續上頁）

六、為什麼「一年之計在於春」？說出你的看法。	二、參考答案： ㈠春雨綿綿。 ㈡春雨綠如油。 ㈢春雨如煙、如夢、如幻。 ㈣春雨如絲。 一、本問題採用「類推」的策略，目的在使學生認識春天的可貴，善加珍惜。 二、參考答案： ㈠春天是一年的起跑點。 ㈡春天是播種的季節。 ㈢春天是一篇作文的開頭。
活動設計	教師引導策略
活動一：「嘿！尋春去」 一、將學生分成二或三組。 二、教師宣布活動內容，各組輪流接答有關春天的詩句或成語。 三、給予優勝組獎勵。	一、目的：在使學生讀完本課課文之後，聯想到有關春天的詞句或成語，並加以欣賞和運用。 二、使用時機：教師講完題解之後或課文教完之後。 三、活動內容：各組輪流接答朗誦有關春天詩詞一句或成語。 四、參考答案： ㈠春風又綠江南岸。 ㈡春風不相識，何事入羅幃。 ㈢春眠不覺曉。 ㈣春城無處不飛花。 ㈤春宵一刻值千金。

（下頁續）

（續上頁）

活動二：「大家來堆塔」	一、目的：由寶塔詩的創作使學生了解中國
一、全班分成兩組。	文字的優美特性。
二、每組以「春天」為題創	二、使用時機：本課教完後實施。
作寶塔詩一首。	三、使用時間：十分鐘。
三、由師生共同評定勝負。	四、評分標準：不嚴格講求聲韻，以文意通
四、給優勝組獎勵。	順為主。
	五、參考答案：「春曉」
	曉
	啼鳥
	枝頭叫
	春夢正好
	底事來驚擾
	山野換上新袍
	莫把春光辜負了

待答問題

1. 智力與創造力的關係如何？

2. 查看有哪些中文的創造力測驗工具？

3. 列出三項「櫻花」的特性，並將其與下列三項名詞相關之處
   加以說明。

　　(1)京都　(2)春天　(3)青春

4. 想像你搭機由台北至花蓮的感覺。

第18章

教師表達技巧

第一節 表達技巧的意義

　　教學工作相對於其他的職業而言，對於語言及非語言的表達，特別是口語表達上，有更高的要求，有人稱教師為「舌耕族」，每天都要長時間開口說話。教學更是一種存在於教師和學生之間的訊息傳遞歷程。在此一歷程中，教師利用各種巧妙方式將教材內容傳達給學生，使學生的學習更為有效，而這些方式即是各種表達溝通的活動。表達常是單方面的傳達，溝通

則是雙方面的互動，從教學的角度來看，教師如果善於表達，則有助於師生之間的互動，自然有利教學。

　　常見的表達方式可分爲語言的（verbal）表達及非語言的（nonverbal）表達。此二者通常是同時出現，因此很難截然二分，彼此有相輔相成之特性。在教學上一般教師大多以語言表達爲主，但卻不是每一位教師都能善用它。有的人拙於言詞，有的雖工於口舌，但卻未能掌握時機情境以致語多傷人。語言不只是一種修辭學而已，它更是高深的表達藝術，它雖然不是教學傳遞的唯一方式，但在學校教學上卻是最主要的媒介。例如各種講述、討論、發問等都有賴語言的運用。至於非語言的表達常是指各種肢體語言（body language），包括教師的動作、姿勢、手勢、表情等方面。這些肢體語言可以傳遞各種訊息，顯露個人的情緒、態度及彼此的互動關係。

　　教師的教學必須善用語言及非語言的技能，但並不意味要成爲雄辯家或名演員，不需要有一流的口才也不必要有各種優異的舞台動作和姿態，但仍然要了解一些基本的表達溝通原則和技巧，才能有效教學。否則，縱有滿腹經綸，若拙於表達則不易爲學生所了解、接受。

第二節　語言表達技巧

　　教師的語言大致可分成教學語言和教育語言兩類。前一類可依教學過程分成開場白、講述語、發問語；第二類則是依培

育「人才」需要，分成鼓勵語、表揚語、批評語、交談語等。
可見教師的語言，不僅在日常生活上要時加留意，在學校教學
過程中更要掌握原則和要領。所謂「良言一句三冬暖，惡語傷
人六月寒」，「開言見真理，出口見精神」，教師的每一句話，
常會對學生產生不同程度的影響。鼓勵的話、傷害的話都會有
意想不到的效果，因此，教師的語言必須相當慎重。善用讚美
的言詞、不出惡言都是不二法門。

　　其次則是各種用字遣詞和口語表達的技巧，例如音調高低、
音速快慢及音度等，都是教學工作者所要把握的一些技巧。以
下即分別加以介紹：

一、用字遣詞恰當

　　教師要仔細選用語詞，以適合學生年齡及程度和理解能力。
太專門用語、深奧語詞都應避免。口頭禪、俚語亦不宜。此外
有些語病亦應儘量改正，例如每句開頭常加「那麼」、「再
來」、「然後」、「總之」，結尾語如「懂不懂」、「好了」、
「呢」等。這些語病在日常生活應用上是無傷大雅，但在教學
情境中就成了贅字、廢詞，還是要避免使用它。

二、快慢適中的語速、抑揚頓挫的語調

　　教學語言除要易於理解外，在語音聲調上要能讓全班學生
聽到。因此，教師音量要足夠，使坐後排及角落位置之學生都
可聽到。今日某些中學教師則以麥克風補音量之不足，但在使
用時也應考慮前座學生聽到之音量不可太大。教師的發音要求

準確，口齒清晰、音調要自然、富抑揚頓挫，變化得宜，才能使教學生動活潑不枯燥。在說話速度方面要快慢得宜，而且是宜慢不宜快，能根據段落做適度之停頓，避免冗長不停的解說，每句話的長度都要顧及學生聽講的速度。有些教師為了趕進度，說話像連珠炮，學生根本趕不上，就無異於疲勞轟炸了。

三、簡潔扼要、清楚達意

教師的講解說明要簡潔、扼要，避免冗長敘述，亦即要注意語言表達的簡易性，不宜複雜化，其次是要說明清楚，不宜用含糊字眼、語詞。此外，還要注意語言的連續性和順序，避免前後順序倒反，重複敘述解說。教師若能在講述時把握簡明扼要清楚的原則，自然能作明確有效的表達。多數教師之所以詞不達意，常是未能顧及前述各項因素所致。

四、多用生動風趣幽默的語言

教師的語言不僅要和煦如春風、溫潤如細雨般，更要生動有趣、充滿幽默感，方能讓學生有如沐春風的感受。教師要去掉那些呆板的說教，多用生動的故事、笑話來使上課氣氛輕鬆活潑、融洽。

五、避免傷害性的語詞

在教學過程中，教師難免會對學生的行為表現有所「批評」和「責怪」，許多傷害學生自尊心的話，常在教師批評指責的場合出現。批評和指責的話總是不受學生歡迎的，因此，教師

對於批評時的語言表達技巧，確實要善加斟酌，才能使被指責的學生「在心中點頭」，收到較好的效果。

口頭的責罵常被視為管教的方式之一，但不當或過度的使用應避免。今日學校教師最常見的傷害言詞例如：笨蛋、豬腦袋、皮癢、賤、爛、無可救藥、不要臉、廢物、白痴……等，這些詞語造成對學生人格的羞辱、貶抑，將很難彌補，也會傷害到師生的關係，教師應避免使用。

特別是在教師情緒不佳或盛怒之下常會說「重話」、「狠話」，以致脫口而出許多帶有威脅、恐嚇、不雅的字句。這些傷害性的言詞在課堂上會使學生感受到責備與羞辱、嘲笑、挖苦、訓誡、命令等難以接受的感覺而引起不當的行為反應。因此，教師平常要能「修心」，避免被學生「激怒」，身為教師就永不說重話去罵學生。

換言之，教師在批評時要慮及言後之果，考慮批評的時機、場合，或在語詞的選用上、語氣的變換上多加以斟酌，或許可以令人好接受一些。若能把握「在批評前先稱讚」的原則，即先稱讚學生其他方面的優點，再指出其缺失，那麼教師對他的批評就容易被聽進去了。所謂「批評的糖衣藥片」有其功效。

表 18-1　讚美與批評學生用語

讚美詞	批評前先用讚美詞
1. 你很棒 2. 你很聰明 3. 你很讚喔 4. 你真是了不起 5. 你真有看頭 6. 你做得好極了 7. 我以你為榮 8. 你進步很多	1. 你進步很多，加油，你一定可以再更好。 2. 你覺得你表現得怎樣？你在這方面很好，但在其他方面應該有更好的方法，比如說…… 3. 你的文章內容很生動很棒，但如果字再工整一點，就會更完美。 4. 這一次你並沒有真正發揮你該有的實力，讓我們檢討一下，看看問題在哪裡？然後再試一次，好嗎？

第三節　非語言表達技巧

在教學情境中，非語言的表達常與語言同時出現，其在教學上的重要性不容忽視，以下是幾種教師最要講究的肢體語言要領，茲略述於後。

一、面部表情生動自然

教師面部的表情也是重要的溝通媒介。教師可運用各種表情來傳達各種期望、態度、觀點、情緒。例如教師的微笑，可使班級氣氛和諧，使學生感到親切、鼓勵。反之教師的表情嚴肅，會使學生感受緊張、焦慮、不安。同樣的，教師也可由學生的面部表情察覺到學生的情緒、精神狀況。青少年學生對於

教師的神情舉止都有敏銳的察覺，因此，教師的心情常寫在臉上，要能控制不佳的情緒，顯現出教學的熱忱及親切從容的神情，經常保持笑容乃是不二法門。其次是不要板著臉、不要怒容滿面、不要皺眉頭，也不要有傷心失望的表情。

二、密切的眼神接觸

眼睛是極重要的溝通器官。眼睛被稱之為靈魂之窗，從每個人眼神之中可以流露出各種訊息，如心思、情緒、態度，且眼神比面部表情更為真切，個人的喜怒好惡可從眼神中顯現。教師的眼神可傳遞出令學生警覺、注意的訊息。教師可利用凝視來警告學生，減少學生不當的行為表現，維持班級秩序。教師的眼神會流露出對學生的關懷和親密感，有助於師生良好關係的建立。師生之間眼神的接觸愈頻繁，所顯示的關係愈佳，但亦應避免過度注視單一學生。若師生之間欠缺眼神的接觸、互動，則彼此間疏離感愈大。

因此，教師若經常背對學生、抄寫黑板，目視窗外、天花板，都會減少與學生眼神接觸的機會。在大班級情境中，教師應經常環視所有學生，注意每位學生的神情舉止變化，才能掌握學生的學習動機及態度。簡言之，教師與學生的眼神接觸技巧如下：

1. 經常用眼睛環顧學生。

2. 眼睛始終不離學生。

3. 眼睛要正面對著學生。

4. 眼睛要發亮有神采。

三、動作與姿勢端莊

　　教師的動作是指教師在教室內移動的狀況或位置而言。多數教師習慣站在講桌之後，也感覺此一位置較為自然。也有教師習慣站在講桌兩旁，有些教師則經常會穿梭在學生座位行列之間，有些則整節課只站在講台上而不曾移動。教師的動作與中小學生人數多寡及座位排列有關，也與教師是否善用此種肢體語言有關。

　　教師在課室內的移動還必須顧及學生的聽講距離，務必使全體學生都能看到、聽到。至於姿勢如立姿、坐姿、手勢、身體前傾、向後、雙腳位置等都會顯露出教師的態度和情緒。緊張的姿勢如雙手抱胸、雙腳並立，代表個人與群體的疏離感、冷漠感；放鬆的姿勢則如雙腳平放、雙臂張開，則顯示友善、親密、和諧。教師宜保持平易近人、友善的姿勢，避免冷淡、不友善的負面姿勢。教師應常用輕鬆自然的手勢來輔助解說並表達溫暖與教學熱忱，避免讓學生感受到不滿、不耐、不親切、不關心。此外，教師的動作要保持端莊，避免某些小動作，例如玩弄粉筆、銅板、原子筆或敲打講桌、黑板等。

　　綜上所述乃是教師在口語及肢體語言的應用上所要掌握的原則與技巧。教學活動和表演藝術一樣，都必須充分運用口才和動作才能傳遞教學內容和表現卓越演技。身為教師，必須是個善於言詞表達，「會說話」、「會說故事」的「演員」。但並不意味每一位教師都是精彩的演說家或金像獎演員。教師長

於表達則師生溝通無礙，反之若拙於言詞將使教學陷入困境。

　　表達技巧是想為人師者首要之利器，要成為有效教師，「口才訓練」不可或缺，透過不斷地訓練將會使口才變好，使教學更精彩生動。當然，最重要的是，教師的語言絕不能是那種諷刺挖苦傷害性的言詞，而是那種暖如春風、潤如細雨，充滿教師慈愛和關懷的話語。

1. 闡述「良言一句三冬暖，惡語傷人六月寒」的意義。

2. 身為教師，語言表達能力要如何才算勝任？

3. 您對於教師上課使用麥克風的看法為何？

4.您知道如何保護喉嚨嗎？

5.試著站在講台上練習各種端莊的姿勢。

6.列出您所聽過讚美學生的話。

7.試著錄下自己所說的話，並加以分析。

第19章

教師發問技巧

第一節　發問的意義與功用

　　教師在教學過程中最常用的技術之一即是發問，從中西教育史上我們知道孔子和蘇格拉底這兩位大師很早就成功地運用發問技巧來教學生。在今日，「發問」仍然是教學上極為有效的技巧，因此，如何寓「教」於「問」是教學領域所應探討的重要課題。

　　以今日美國中小學教學法活動為例，師生之間的「問答」

平均高達一節課有一百題次，所佔的時間約為課堂時間的百分之八十（Borich, 1992）。這些以問答為主體的教學活動大都是先由教師有系統的講解某一主題後，教師向全體學生提出問題或指定某位學生回答。在學生回答後，教師再回應學生的答案。以上的「問答」活動是美國中小學最典型的教室內景觀。反觀台灣的教室情境，大多數是教師為主的講述活動，偶爾出現些問答活動，這種現象與美國中小學充滿問答的情境大不相同。

發問是一種引發心智活動並作回答的語言刺激（張玉成，民72）。教師的發問絕不以「難倒」學生為目的。因此，在發問過程中要避免讓學生感受到挫折或失去自信。

任何一個學科，任何年級的教學，都可以採用發問的方式，尤其是講述教學，最適宜利用「問與答」的方式來進行。教師在講述過程中若能夠經常「發問」，可以增加師生互動機會，必然會使講述教學更有成效。發問有下列功用：

1. 引起學生的注意力。

2. 誘發學生思考問題。

3. 發現學生的學習困難。

4. 促使學生反省和自評。

5. 可經由學生的回答再做深入講解。

6. 提升學生口語表達能力。

第二節　問題的類型

　　教師的發問正如同紙筆測驗，必須講究題型。題目的內容和屬性不同，都會影響到學生的思考方向和反應程度。問題的型態可分成很多類型，茲分述於后：

一、開放型

　　開放型的問題沒有固定和限制性的答案，即使發問者自己有某些合適的答案，也不排斥其他種答案。此類問題可以激發學生探索另一種可能的答案和新的發現。其發問方式通常是以「為什麼」、「何時」、「如何」、「誰」等詞來表示。例如：

　　1.為何「月有陰晴圓缺，人有悲歡離合」？

　　2.台灣有可能與中國大陸合併嗎？你所持的理由為何？

二、閉鎖型

　　閉鎖型問題的答案有所限制，通常只有一個標準答案，學生必須就已有的資訊加以回答。這類問題最常見的有兩種型態，一是要求回答「是」或「否」；另一類是要求某些特定的知識。例如：

　　1.你去過日本的北海道嗎？看過薰衣草嗎？

　　2.你知道紐西蘭的首都是哪一個城市嗎？

三、記憶型

記憶性的問題通常只要求被問者依據所知的事實，採取回憶的方式來回答問題。例如：

　　1.美國紐約的世界貿易大樓被炸燬的事件是何時發生的？

　　2.《菜根譚》一書的作者是誰？

四、聚斂型

這類問題經常要求被問者依據一定的方向進行思考，大都只有一個或少許的答案是正確的。例如：

　　1.由高雄到台北利用高速公路會比縱貫鐵路快嗎？

　　2.為何「船到橋頭自然直」？「柳暗花明又一村」？

五、擴散型

這一類問題是屬於開放性且沒有固定答案的思考性問題。被問者不必依循特定之方向，常有創新、異乎尋常的答案，也沒有所謂正確或標準答案。例如：

　　1.假如沒有二二八事件的發生，台灣會有怎樣的發展？

　　2.假如你中樂透彩券頭獎一億元，你將如何使用它？

六、評鑑型

這類問題要求被問者根據自己的價值標準回答問題。例如：

1. 中學生可以跳舞嗎？理由何在？
2. 國小就教英文有哪些優缺點？

教師的發問必須兼顧各類型、各層次的問題，但事實上約有百分之七十至八十的問題，都只是事實層面或只需單純回憶即可獲得答案的記憶型問題。只有百分之二十到三十的問題需要學生高層次的思考能力，如分析、綜合、推論、澄清、評鑑等。聚斂型的問題有助於學生獲得事實性的知識、理解和應用層次的能力。開放型、擴散型的問題則有助於分析、綜合、判斷能力。

第三節　教師提問與理答的技巧

一、提問原則

教師對學生提出問題宜把握下列三項原則，第一是增加參與機會，第二是兼顧各類問題，第三是避免出「難題」讓學生回答不出來而產生挫折感。

在班級情境中最常見的發問方式是以教師提問，由一位學生作答後即結束，這種現象呈現的僅是一對一的問答。另一種

情境是學生向教師提出問題。發問的基本程序是由教師先向全班學生陳述問題，給予全班學生思考問題的時間之後，再指定學生回答。這種方式可讓每人都有參與問答的機會。有效的發問技巧應儘量讓大多數人有參與回答問題的機會。因此可就同一問題由多位學生分別回答，避免集中於某一位學生。

提問還應兼顧高低層次和類型的問題，高層次的評鑑型問題雖然重要，但認知記憶性問題也有其適用性。教師不宜偏重某一類或某種層次的問題。

此外，教師在指定發問時要選擇難易適中的題目，不可存有難倒某位學生或全班學生的心態。如果問題較難，可找程度較好的學生回答。

二、提問技巧

至於教師的提問技巧大約有下列六種：(1)再次指示；(2)轉問；(3)反問；(4)迅速提示；(5)深入探究；(6)候答。茲說明如下：

㈠再次指示（redirection）

此一策略是當學生回答問題不正確時，教師應再一次改變問題的措辭或改問相關的問題，讓學生再次的回答，教師不必立即告訴學生答案。

㈡轉問（relay）

所謂「轉問」是指某位學生發問後，教師不直接回答學生，而是轉請其他學生回答。如此可以使更多的學生參與討論，並將問題轉移至學生。

(三)反問（reverse）

反問是指教師在學生發問之後，不僅未立即作答，反而請提問之學生自己作答。此一策略使發問者有機會自行思考問題。在教學中，不宜讓學生自己未經思索即行提問，教師可視發問情境，採取反問策略。

(四)迅速提示（prompting）

教師面對某一位學生回答不出或答案不對時，教師可採取迅速提示或暗示的策略使學生逐步接近正確的答案。

(五)深入探究（probing）

有些學生雖然可以正確的回答，但常常不夠深入，此一策略是在協助被問者能對問題作更深入、更詳細的探討。教師的發問不應僅讓學生作單純的「是、否」或「對、錯」之回答，最好是讓學生詳細解釋、深入說明。

(六)候答（waiting）

所謂「候答」，是指教師在向學生提出問題之後，應有適當的等待時間讓學生去思考問題和答案，而不宜要求學生立即作答，以免學生思慮欠周或草率回答。教師提出問題後等待學生作反應前的這一段時間稱為「候答一」；學生回答問題後教師理答之前的時間稱為「候答二」。

候答時間的長短應視教師所提問題的性質和對象程度而定。對於低層次、閉鎖性、記憶性的問題通常只需一秒鐘即可，但開放性、高層次的問題宜有較長的候答時間，通常以三秒至四

秒爲宜。對於程度較低學生所需要的候答時間要久一些。

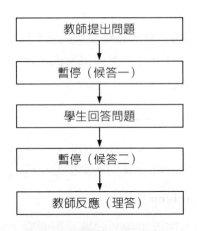

圖 19-1 發問基本流程圖

三、理答技巧

教師的「理答」技巧則是指教師在學生回答後的處理技巧。一般常見的理答技巧如下：

1. 在學生回答時，教師要仔細聽，可使學生感受到尊重。
2. 儘量讓學生把答案說完，不立即中斷學生的回答。
3. 學生答錯時，不作消極批評或責罵，最後應讓學生知道正確的答案。
4. 在學生作答後，儘量先由其他學生互相答問。
5. 對回答錯誤的學生可再給予另一次回答的機會。
6. 對於回答正確的學生立即給予鼓勵、讚美。

7.教師應避免欺騙的答案或不知道答案。

8.教師應對學生之問題作一總結性的回答。

總之，不論是教師的提問或是回答學生的問題都應把握各種技巧，才能提升問答的品質，發揮其功用。發問的技術乃是每一位教師應具備的基本教學能力，因此平常的口才和發問技巧的訓練非常重要。

待答問題

1.發問的功用有哪些？

2.觀察某一堂課師生問答的情況。

3.分析「開放型」與「擴散型」問題之異同。

4.分析「閉鎖型」與「記憶型」問題之異同。

5.以本章為題材，提出六類型態之問題各一則。

第20章

引起動機的技巧

第一節　動機的意義

　　教師的教學必須重視學生的學習動機。動機可說是引發學生學習活動的原動力，也是維持學習活動並朝向預期學習目標的內在心理歷程。有了它，學習會有明顯的效果。身為教師必須能了解班上學生的學習動機才能使教學具有成效。

　　在教學活動歷程中，引起學生的學習動機或建立學生的學習心向是正式教學活動的首要步驟。教師在走入教室後首先要

去察覺班上學生的學習動機，了解學生是否已有心理準備。通常教師只須花幾分鐘時間，說幾句話或採取某些行動，就可以引發學生的動機。而在教學活動進行之中，教師仍須隨時維持學生的動機，甚至要設法去激發學生更強烈的動機。因此，激發動機的技巧是教學領域中重要的課題。

動機的本質極為複雜，通常可分從兩方面來探討。第一類動機（intrinsic motivation）稱之為內在動機，是指個人內在的驅力（drive），此種驅力迫使個體表現各種活動；第二類動機是指外在事物具有誘因而使個體去從事各種活動，此即「外在動機」（extrinsic motivation）。

內在動機是潛存於個體內部，其性質與「興趣」、「好奇心」頗為相似。當一個人喜歡從事某一活動的原因只是因為他感覺有「興趣」、「滿意」、「愉快」或「喜歡」，而沒有其他外在的原因，這種潛在的內部力量即是內在動機。教師若能將學生所具有的內在動機激發出來，則學生的學習興趣會顯得自動且持久。若學生的學習是由於父母的強迫或為了獲得獎品，則一旦這些外在的驅策力或誘因不在時，學生的學習動機將會減弱，甚至消失。

外在動機類別極多，有些為個體所願接受，有些則不然，但卻都具有驅策力。在學校教學中，教師最常用的方法如口頭稱讚、發給代幣、頒發獎狀等獎勵方式都是外在動機。

與學生的學習和成就較有關係的另一種動機則是「成就動機」（achievement motivation）。人都有一種獲取成就的需求，有些人成就需求較高，有些人較低。成就動機的高低與「避免

失敗」、「怕失敗」的傾向有關。想獲致成功者可能會受到他所認爲的成功機率大小的影響。常遭遇失敗者會具有「避免失敗」的行爲傾向。因此，教師在教學活動中必須特別考慮這種「避免失敗」的動機因素，儘量提供學生成功的學習經驗。例如考試題目容易，學生常得高分，都會使學生產生動機、興趣和信心。

第二節　建立學習心向

一、學習心向的意義

學習動機與學習心向有密切關係。建立學習心向的意義是指在學生心中培養出一種學習某種新知識的心向、心情或是學習的準備度。建立心向也常稱爲心向引導（set induction）。心向的建立常常是在上課的初期，時間通常只需三至五分鐘。建立學習心向的目的有下列四項：

1. 要引起學生對新學習教材的注意力，又稱之爲始業心向（orientation set）的建立。
2. 要使學生對教材基本架構有初步概念。
3. 幫助學生將新教材和已經學會（具備）的舊知識經驗相結合，又稱之爲過境心向（transition set）的建立。
4. 可以找出學生的起點行爲，以便介紹新內容。

二、建立心向之技巧

教師要建立學生的學習心向可採取下列之技巧：

1. 所使用的方法必須能引起學生的新鮮感和興趣。

2. 教師的語言表達要語氣平和，在表情上要面露笑容。

3. 儘量讓學生感覺驚奇、出乎意料之外，才能引出學生對主題的好奇心。

4. 教師可在黑板寫出教材重點並請學生看黑板上的綱要。

5. 教師可以下列句子作開場白：

   (1)「上星期我們教到哪一單元？哪一章？有誰記得嗎？」

   (2)「昨天我們教到表達技巧這一章，老師要大家做的作業完成了嗎？有哪些人還沒完成？」

   (3)「上星期發的教學信念講義讀完了嗎？有誰能說出其中的五項信念？」

第三節　激發學習動機的技巧

由於每一位學生的學習動機高低不同，動機又常會受到各種因素的影響而降低或改變，因此，教師的教學可以考慮下列各種技巧來激發或維持學生的學習動機。

一、布置舒適的教室環境

教室的環境與學生的學習動力有關。學生置身在整潔、美觀、亮麗、空氣流暢的教室中，不僅容易產生學習的動力，也能維持較長久的學習。因此，教師除應維持教室的整潔外，對於座位的安排、各種佈告、海報、作品的展示和張貼等都應講究和諧、美感，如此將會使得班級學生處在有利學習的物理環境和班級氣氛之中。

二、激發內在的動機

有些學生似乎天生就能自動自發地學習，對學習有高度的興趣。有些學生則需要教師去鼓勵、刺激他們的內在學習動機。因此，經常讚美學生的成就和表現可使學生對學習更有信心和興趣，及養成自動學習的態度。

三、多用獎勵少用懲罰

行為主義心理學中的正增強原理可用來增進學習的動機。教師在學生每一次的學習活動獲得進步時就應立即給予獎勵、稱讚，以增強學生繼續學習的動機。而對於學生表現不佳時，亦儘量避免公開責罵，甚至體罰的方式。

長久以來，我國教育當局都明文規定學校教師不可以體罰學生，例如打手心、打耳光、舉桌椅、跑操場、青蛙跳等，但上述情況卻依然可見之於學校而無法禁止。幾年前教育部為使適當的體罰合法化，曾有制定所謂的「暫時疼痛法」之議，但

迄今並未通過立法。身爲教師，在未有體罰之法源下，更不可採用體罰方式。有效的教師，絕對可以用各種教學、輔導方法來改變學生的不當行爲，不宜依賴體罰或處罰。

四、成績評量不宜過於嚴苛

　　許多教師對學生的期望都很高，常在段考、月考上以艱深題目來考學生，甚至考倒學生，使學生無法獲得較高的分數，或使多數學生不及格。此一現象往往使學生喪失信心、失去學習的興趣和動機，這是今日中學在評量成績上的一大問題。學校的各種評量考試不應以「難題」來考倒學生，應該讓學生獲得較高的學習成功機會，培養成就動機和自信心。

　　總之，學生的學習若具有強烈的動機，特別是內在的動機，則其學習會自動、持久而有成就。因此，教師應熟悉各種激勵的策略和方法，針對學生的個別差異去促使學生有高昂的學習動機以積極參與各項學習活動。

待答問題

1. 闡述「內外在動機」與「成就動機」之意義。

2. 分析學習心向的意義與類別。

3. 試擬三則建立心向的語句。

4. 闡述激發內在學習動機的方法。

5. 如何有效協助學生克服「怕失敗」的心理？

第 21 章

教室管理技巧

第一節　教室管理的意義

　　教室管理（classroom management）技巧是所有教師所應具備的基本教學能力，更是中小學教師所不可或缺的重要技能。美國教育學者卡拉漢和克拉克（Callahan & Clark, 1988）將教室管理界定為「維持教室情境，使其乾淨、有秩序、有效率的歷程」。

　　簡言之，教室的管理可以分為教室環境的布置、管理及學

生紀律問題（discipline problems）的處理等兩方面，其目的在使教學活動順利進行以達到預期的教學目標。

　　班級教室管理是每一位教師在教學過程中所必須面對的重要課題，更是初任教師最難應付的工作。在中小學裡，教師們經常談論的主題大都是與教室管理有關。教師若無法有效處理教室問題，勢必為問題所擾，終至無心於教學。

第二節　教室環境的布置

　　我國小學採包班制，因此每班導師都得負責該班教室的物理環境。至於中學，雖採分科教學，但教室環境的經營仍由班級導師負全責。科任教師所面對的主要是學生的紀律問題。

　　教室的物理環境是指教室的空間、外觀、地點、大小、室溫、桌椅、設備等環境和設施而言。雖然有些硬體和環境為學校所預先設計固定，教師無法任意改變，但仍有些環境須賴教師去布置和管理，以利於教學的順利進行。

　　不屬於教師控制的教室環境，例如教室的地點、外形、大小和室溫等項，雖然都不是教師所能自由選擇和決定，但卻都會影響教學的進行，因此，教師仍應知道何者為佳，以便能妥善因應。

　　我國一般的教室，中小學每班人數都在四十至五十人，因此教室幾乎不分大小。在外形上是以長方形、方形居多。一些特殊學校的班級教室則因學生人數少及配合各類特殊兒童之需

要，而採取某些特殊設計，在室內布置方面與普通班的教室略有區別。

　　教室顏色對教學也有其影響。美觀、亮麗、和諧的色彩，可以使置身其中的師生感受到舒適的氣氛。有些顏色令人感覺溫暖，例如黃色、橘色、紅色，此類顏色的環境，較適合活動取向之教學。有些顏色則令人感到嚴肅，例如綠色、藍色，此種顏色的環境，較適合靜態的活動。不過，我國中小學的教室予人的感覺是缺少變化、色澤單調。教室的色彩宜求亮麗且富變化，才能表現出生動活潑的氣氛。

　　雖然教師無法控制和決定上述的教學之物理環境，但是，教師對於教室內的環境安排和調整，例如課桌椅、講桌、佈告、展示版、儲物櫃、書櫥等的陳列，確有較多的決定權。

　　在教室內應有佈告欄（bulletin board）及展示區。佈告欄可張貼各種與學校有關的公告及通知事項、新知報導或科學研究競賽辦法等。至於展示區可提供全班學生展覽優良作品，教師亦可利用展示區布置一些地圖、圖片及各家藝術珍藏等。我國中小學教室則普遍設有佈告欄。

　　但書櫥及儲藏室是在我國大、中、小學校教室內極少見的。書櫥或書架的功用是用來存放與教學有關的圖書、教科書、工具書、參考書，以供師生教學使用。至於儲藏室可供師生存放各種文具、紙張及視聽器材等。在美國，多數教室外側或走道兩側都裝設有儲物櫃（locker），供每位學生存放私人衣物及教科書，學生上課期間或放學回家時可將部分圖書用品放置儲物櫃內。

　　教室內還應有教師的桌子和資料櫃來放置較多的教材、教具、學生的資料及必要的教學資源。教師的桌子還應力求美觀、整潔、充實，使成為教師們個人的室內圖書館，而不應只是一張桌子而已。

　　教室，不應只是一間只有課桌椅、黑板、講桌等基本設備空間而已。它應有舒適、亮麗、富變化的環境，存放、展示足夠的各種教學資源，成為一間充實的教學和學習中心。

第三節　教室座位的安排

　　座位的安排包括個別學生座位的選擇或指定以及整體的教室座位型態（pattern）。安排個別學生的座位通常是上課第一天的重要工作，一般都由班級導師負責。導師最常採取的方式是依學生身高及視力、聽力等體能狀況來指定學生的座位。原則上要使每位學生都能面對整個教學區域。座位一經指定就不輕易更動，通常以一學期或一個月調整一次為原則。

　　至於整體教室的座位型態是指教師為教學需要，針對全班學生的座位做整體的安排和調整。教室的座位安排當然也與教室的大小和格局有關。教室的座位型態有很多種，教師可視學科的性質、教學方法而定。

　　傳統上，教室內的座位安排型態是以行列的方式排列。教師的講桌在前面，學生的位置則面對講桌及黑板的直行排列。此種型態較適合講述的教學，卻較不適於分組討論或小組方式

的教學。由於教師約有四分之三以上的時間是停留在教室最前面，因此對於坐在後排或兩邊的學生也較不利。學生的座位會影響其參與學習的程度。一般而言，在教室前面三排及中間三行位置是教師的主要行動區，教師常面對著這些學生說話，也常問這些學生問題。在這區域內的學生最易被教師注意，學生參與學習活動的情況比坐在其他位置的學生好，師生之間的互動也較佳。

我國中小學生的座位通常在每一學年開始上課就已固定。每位學生或是獨自擁有一桌課桌椅，或是兩人並排共用一長形桌椅。我國中小學的課程幾乎都在同一教室、同一位置上課。不像美國的中小學生，只要上課之科目不同，就需換到不同教室上課，其座位也會不同。我國中小學由於班級學生人數太多，教室的空間常呈飽和狀態，學生座位實際上很難作彈性調整。

第四節　學生行為及紀律的管理技巧

班級教室管理中最令教師窮於應付的應屬學生行為及秩序方面的問題。中學生正處於身心發展的狂風暴雨期，許多的不當行為常在班級內發生。因此，教師若要有效防患和管理班級學生的行為問題，可以把握下列一些基本原則：

一、建立班級規約

擬定合適的班級規約以為學生日常作息活動的準則是教室

管理的重要策略。規約的擬定可使教學活動順利進行，但若太過嚴苛或執行不當，也會有反效果。班級規約的研訂應在開學第一週內完成。教師可與學生共同訂定並張貼於教室佈告欄中。教師應向學生說明，更應讓學生知道獎懲標準，在班級建立之後，教師必須能維持班約威信，避免前後不一致而使班約失去公信力。

二、塑造良好的班級學習氣氛

班級的經營必須能塑造良好的「班級氣氛」，即所謂的「學習風氣」。在社會心理學的研究上，教室的管理要具成效，就必須去塑造積極性的班級氣氛。

三、預防不當行為的發生

教室情境很少是突然間失控的，學生不當行為的發生也非偶然，乃是日積月累形成的，最佳的教師管理乃是防患未然，使不當行為沒有發生的時機。以下是幾項可行的策略：

1. 公平善待每位學生

教師不可偏袒某位學生，以免其他學生感受不平，造成學生的嫉妒、不滿。教師應將每位學生當作獨立、有尊嚴的個體而公平對待。

2. 關懷有行為問題的學生

例如請那些有行為問題傾向的學生偶爾幫忙教師整理資料，或為班級服務，可使學生感受到教師的信任、注意及正面的期待，從而減少不當的行為態度。

3.用肢體語言制止不當行為

　　對於少數學生在課堂中的不當行為，例如不注意聽講、說悄悄話、左顧右盼等，教師可利用眼神來制止學生的這類行為。有效地利用目光接觸可以使學生集中注意，回復到正常的學習活動。此外，利用一些小手勢也可糾正學生輕微的不當行為。如果目光和眼神無法引起學生注意時，教師可以離開講台，趨近學生位置，輕敲其桌面或小聲要求學生停止不當行為。

四、處罰不當的行為表現

　　教師在教室所面對的通常只是學生的不當行為。這些行為是輕微的、偶犯的性質。

　　教學進行中常面對的不當學習行為花樣繁多，常見的是遲到、缺曠課、遲交作業、喧嘩、吵架、作弊、惡作劇等。這些不當行為是違背班級公約的規則，教師只須依規定執行即可。常見的處罰方式包括口頭警告、訓誡、公布名字、罰站、隔離、扣分、強迫性服務、課後留校輔導、罰金等。若不當行為持續不改，或有較頑劣重大的攻擊性行為，則由訓輔人員處理。以上行為常以記過方式懲罰。

　　教師面對學生的不當行為時，最重要的是要保持心平氣和，冷靜的處理，不能輕易被激怒。學生的行為會有失當，但學生本身是良善的，把不當行為和學生分開，給學生改正、補救的機會。其次，避免使用傷害性和威脅恐嚇的言詞，更不可採取「體罰」的方式。

五、獎勵學生的良好行為表現

積極性的教室管理在使個別學生良好的行為表現獲得鼓勵、讚美，從而營造積極、美好的班級氣氛。利用心理學上的增強原理可以塑造學生好的行為，增進學生的學習動機。中小學教師常用的增強方式如下：

1. 口頭稱讚、嘉獎。
2. 書面讚美，如發給獎狀、記功。
3. 發給圖書禮券、笑臉貼紙、文具等。
4. 給予優惠權利，如免費參觀科學館。
5. 公布優良事蹟於榮譽榜上。

上述各種獎勵方式所具有的增強功效並不相同，有些學生對某些獎勵能獲得增強，但有些人則無反應。教師應針對學生的需要、興趣、年紀來採取不同的獎勵。例如小學低中年級生採用貼紙、利用代幣（token）的效果很好，而在國高中的效果就不如其他榮譽或實物的獎勵。

充滿認真努力學習風氣的班級，通常也是較少行為問題的班級。因此，要有效預防班級內不當行為的產生，可以從營造班級具有積極學習風氣來著手。

班級氣氛是由師生共同形成。教師的性格、行為表現、領導方式以及同學之間的關係都是班級氣氛的相關因素。而教師在塑造氣氛方面居重要的地位。因此，教師在每天、每節課與學生相處的那一刻所表現的神情舉止，和開場白第一句話都是

關鍵的因素。

　　教師應帶著愉快的神情走進教室，迅速地察看全班學生的狀況。若教室情境呈現靜態，就宜採取動作使氣氛活絡，若教室情境爲動態表現，就宜採取行動使教室氣氛稍加冷卻。因此，各種激發動機的技巧和建立心向的技巧都可營造出不同的氣氛。

　　教師的教學是否有效，是否成功，可以從該班級的氣氛中察覺。建立並維持適當的班級學習氣氛可說是教師應具備的基本技巧之一。

1. 構成教室的基本要件爲何？

2. 教師在教室內的主要行動區域在哪裡？

3. 你認爲學生最喜歡的位置在哪裡？

4.常見於教室內的不當行為表現大致有哪些？

5.如何使教室氣氛活潑？

第 *22* 章

學習技巧的教學

第一節　學習技巧的意義

　　學生「如何學習」（how to learn）是教學領域的重要課題之一，但卻是我國學校教學中常被忽視的一環。在教學活動中，學習者如果知道學習的方法，甚至有獨立學習的能力，則學習效果會更好。反之，在教學活動過程中若忽略了學生學習技巧（study skills）的培養，則學生將處處依賴教師而養成被動的學習態度。

　　一般而言，教師僅注意到要求學生「努力讀書」、「認真做功課」等認知層面，卻忽略了先要教學生「怎麼去努力」、「怎麼去讀書（包括讀、寫、算）」、「怎麼認真」、「怎麼做功課」等技術層面的問題。然而這些技術層面或技能的學習卻是學生在學校學習成功的關鍵因素。

　　我國學校的教學也不重視「有效」地學習。換言之，學習的效果和效率一直不受重視，自古以來一直強調苦讀，例如懸樑刺骨等方式。學生的學習常是個人獨自摸索或嘗試錯誤的結果。在今日學校各種學科的學習活動，都要求學生必備若干基本的學習能力和技巧，才能保證學生的學習有進步。而這些基本學習能力的養成和獲得實有賴教師的教學。如果學生未能在學校學得某些基本技能，常會導致某些學科領域或學習活動上的學習困難。特別是在今日學校學習領域不斷增加，學習內容日新月異之際，指導學生在有限的時間內進行最有效率和效果的學習就更顯得重要。

第二節　學習原則的教學

　　有關學習技巧的教學首先仍要注意「學習原則」方面。換言之，教師要先指導學生把握學習的「效果」和學習的「效率」。凡是學習一定要求達成預期的目標或成果，如此的學習才屬有效。此外，學習必須講求效率，把握學習的優先順序和重點，亦即要講求時間的充分利用和經濟原則。盲目的學習和

嘗試錯誤的學習常造成學習目標無法達成，也因而造成學習困難的產生，甚至使得學習徒勞而無功。

在有效的學習方面宜把握下列各項原則：

1. 避免機械式的強記。

2. 依學習內容之多寡及難易，採集中或分散式學習。

3. 學生要擬定自己的學習計畫或進度。

4. 學生要有積極、主動的學習態度。

5. 學生要有學習的興趣，樂於學習。

6. 適時的休息或暫停學習活動。

第三節　學習技巧的內容及教學原則

學習技巧或學習技能的教學較屬於心智技能（intellectual skills）的層面。這些心智技能並不專指某一特定學習科目或活動所需的技能，而是適用於各種學科或活動。

基本的學習技巧包括讀、寫、說、聽、計算、推理，及「如何學習」等方面的技能。這些能力彼此互有關聯，也都可藉後天之學習而得。以下分別列舉一些中學生應具備的基本學習能力（林寶山，民74）：

一、閱讀能力

1. 能分辨、了解文章作品的主要及次要觀念。

2. 能利用書本的內容目次、序言、標題、章節、附錄、參考書目等。

3. 能了解文章的目的，找出作者的觀點、語氣。

4. 能區別作者及自己的觀點。

二、寫的能力

1. 能正確地書寫標準字體。

2. 能以重新構句、重寫及更正錯誤等方式來改進個人的書寫能力。

3. 能正確地引用資料、摘述資料，並正確地加註解。

三、說話及聽的能力

1. 能積極與人交換觀念、進行討論。

2. 能扼要地發問及回答。

3. 能正確地聽講，能聽懂各項口頭的指示。

4. 能用不同的口語形式表達。

四、計算能力

1. 能正確地進行四則運算。

2. 能有效地運用整數、分數、小數、比率、比例、百分數、根數、代數等。

3.能進行推估及求近似值。

五、推理能力

1.能區別事實和意見。

2.能理解、發展及使用概念。

3.能區別問題、形成問題,並且能評估解決問題之道。

4.使用歸納及演繹的推理方式,並能辨認推理中的謬誤所在。

5.能從許多資料來源中求得合理的結論。

6.能為自己的結論做合理的辯護。

六、「如何學習」的能力

「如何學習」的能力與上述讀、寫、算等技能有密切的關係。教師應教學生怎樣做有效的閱讀、怎樣正確地書寫、計算、表達、推論、作筆記……等。主要的學習技能還包括下列各項:

1.能依本身條件擬定學習時間和重點。

2.能按照自己的進度進行獨立學習。

3.能利用各種校內外資源,如圖書館、電腦中心等。

4.能獨立進行參觀、訪問。

5.能分析、綜合、批判問題。

6.能自行擬定學習計畫。

7.能在閱讀後作摘要。

8.能利用圖表、電腦及其他輔助器材。

9.能接受建設性的批評。

10.能有效的應付考試。

第四節　作筆記的要領

作筆記（note-taking）是指學生自己把他在課堂上所聽到、所體會到的各種學習內容加以記錄、整理的一種學習技能。

作筆記有利於學生的記憶、重組學習經驗，有助於複習教材。有良好的作筆記技巧，可以使學生學得更多。由學生本人在上課中親自作成的筆記會比事後抄自他人筆記的效果為佳。這些都是筆記的主要功用，因此，教學生有效地作筆記之技能也是學習輔導的重要項目之一。

無疑地，作好筆記是學習的重要技巧之一，也是師生雙方的共同責任。固然學生必須自己學會如何從演講中或聽講中去迅速且正確地記下各項內容要點，但是教師在講課的過程中也必須考慮到音量高低、說話速度以便學生能夠聽清楚並且有時間作筆記。在教學領域中，指導學生作筆記是個很實際有效的技巧。教師指導學生作筆記的要領有五：

1. 教師應先讓學生了解作筆記的必要性和重要性。

2. 教師應在教學過程中，隨時指出教學重點所在，讓學生記住這些重點。

3. 教師應將這些教學重點歸納成有意義的結構，並使學生

確實了解其意義。

4.教師應使這些結構更充實、詳盡，讓學生能記得更詳細。

5.教師應舉一些重要的例子，並使學生能用他們自己的經驗來加註解。

　　學習技巧的教學除了要教導學生把握學習的原則及培養「如何去學習」及作筆記的技能外，還要使學生了解他們自己必須對學習負責。學習的責任主要還是在學生自己，教師只居於輔導協助的立場。不過，一般中小學教師即常誤解其協助輔導的角色，反而扮演了主角，在「教學」活動中佔用了大部分時間在「教」，剝奪了學生「學」的機會。教師承擔了學生的學習責任，也形成了學生被動學習的態度，這是一種「餵食式」的教學，有待改進。

1. 學習技巧的意義及重要性爲何？

2. 有效的學習原則有哪些？檢討你自己的學習方法是否符合。

3. 教師指導學生作筆記的要領有哪些？

4. 學生的基本學術技能中以何種最爲重要？教師應如何指導此
   方面之技能？

第 23 章

微觀教學技巧

第一節　微觀教學的意義與功用

　　微觀教學（microteaching）是指師資培育機構為協助未來的
準教師或在職進修的教師熟習各項教學技巧的教學法。通常是
以同班之部分學生為教學對象所作的小型教學演練。例如在「分
科教材教法」或「教學實習」課堂上，由一位學生面對同班其
他學生所進行的「假試教」活動。全部教學活動全程錄影以供
檢討改進。微觀教學內容只是單元的一小部分內容，教學時間

至少四分鐘通常不超過十分鐘，視情況而定。此外，微觀教學通常主張教學活動是一系列的技巧組成，這些技巧可以各自獨立養成。若能針對這些技巧加以演練，可使日後教學更有成效。

微觀教學的功用在使學生練習表現出各種良好的教師行為特質、正確的教學信念和技巧等。在教師行為特質方面，例如：熱誠、幽默、關懷、信心、期望、鼓勵、認真等。教學技巧方面例如表達技巧、發問技巧、教室管理技巧、評量技巧等。

第二節　微觀教學的目標與實施步驟

教師在進行微觀教學時，可先教學生選定自己所要練習的目標。例如：

練習一：目標在表現一種良好的個人特質，如鼓勵、高期望、熱誠、知識淵博、認真、幽默、關懷等。

練習二：目標在表現下列一種學習心向的能力，如始業心向（引起注意力）、過境心向（讓新舊經驗相連結）、評量心向（找出學生起點行為）。

練習三：目標在正確有效運用下列發問技巧之一種，如理答、候答、轉問、問題明確、高認知層次問題等。

進行微觀教學的練習大致包括下列六大步驟：

1. 選定單元一小部分內容，撰寫教案。
2. 準備教具、錄影器材。

3.佈置教室桌椅，最好準備二間教室，供練習及檢討用。

4.進行微觀教學

　(1)選定練習目標。

　(2)進行主題教學。

　(3)進行總結階段（第八分鐘）。

　(4)教學練習結束（第十分鐘）。

5.教學檢討

　(1)自行觀看錄影帶。

　(2)教師及同學針對學生微觀教學練習之表現提供回饋意
　　見。

6.第二次教學練習及檢討。

第三節　微觀教學之評量與教案實例

　　微觀教學練習活動均須評量，以確定目標是否達成。其方式通常由教師及扮演學生角色之同儕加以評量。微觀教學學生評量表實例參見下頁附表。至於微觀教學之教案實例可就一般課堂教學所用之教案格式略加修正，其範例如后（參見239頁）。

表 23-1　微觀教學學生評量表實例

一、評量方式

　　1.演練學生均須表現第一大項「個人特質」；另就第二、三項中選擇
　　一項。

　　2.演練學生若表現出下列某一行為，就請在右邊等第欄內打✔。

二、評量項目	評　量　等　第			
	A	B	C	D
㈠個人特質				
1.具幽默感	——	——	——	——
2.面帶笑容	——	——	——	——
3.眼神注視學生	——	——	——	——
4.態度從容不緊張	——	——	——	——
㈡發問技巧能力				
1.問題很清楚明確	——	——	——	——
2.提問後的候答時間充裕	——	——	——	——
3.提出許多類型的問題	——	——	——	——
4.讓所有學生都能參與回答	——	——	——	——
5.對學生的回答有適當的回應	——	——	——	——
㈢建立心向				
1.複習前一單元的教材	——	——	——	——
2.上課開始後就提出能引起好奇心的問題	——	——	——	——
3.指出本課和上節課的關聯	——	——	——	——
4.提出書面圖表說明各重要概念的關係	——	——	——	——

表 23-2　微觀教學教案實例一

單元名稱：迷哥迷姊俱樂部	班級人數：18 人	時間：20 分鐘

教材來源：國民中學輔導活動第三冊		
教學資源	一、「我的偶像」學習單 二、「我們了解偶像嗎？」討論單	
具體教學目標	一、引導學生了解同儕對偶像崇拜的狀況。 二、協助學生尋求適當的模範典範。 三、協助學生建立偶像崇拜的適當態度。	
微觀教學演練目標	一、表現「個人特質」第 2、3、4、6 項。 二、表現「發問技巧」第 1、2、6、7 項。 三、表現「建立心向」第 2、3、6 項。	

教學活動	教材及教具	時間分配
一、預備活動 　　事先設計「我的偶像」學習單及「我們了解偶像嗎？」討論單。 二、發展活動歷程 　㈠建立心向 　　教師說：「今天我們要一起來討論『偶像』，記得我在你們這個年紀的時候，我也曾經有過喜歡的偶像……」		2分鐘

（下頁續）

（續上頁）

㈡填寫學習單 　說明填寫此學習單的用意，是為了讓學生 　了解自己為何會喜歡偶像。	「我的偶像」 　學習單	4分鐘
㈢分組討論 　1. 依據偶像的類別將學生作分組（如明星 　　組、政治組、學術組、科學組、偉人組 　　等）。 　2. 請各組學生依據「我們了解偶像嗎？」 　　的討論單來做討論，使學生在討論過程 　　中更加了解偶像對自己的意義。	「我們了解偶 　像嗎？」 　討論單	10分鐘
三、總結活動 ㈠請每一小組派一人到講台前說明他們對偶 　像的看法。 ㈡教師給予回饋並做結語。		4分鐘

表 23-3　微觀教學教案實例二

單元名稱：線對稱圖形	班級人數：18 人	時間：15 分鐘
教材來源：國中數學第一冊		

教學資源	一、國中數學第一冊（光復書局） 二、教具：獎勵卡、海報紙、電腦及單槍投影機、Powerpoint 簡報
具體教學目標	一、建立學生對幾何圖形的概念。 二、啟發學生對圖像的思考能力。 三、協助學生對周遭事物與幾何圖形的連結。
微觀教學演練目標	一、表現「個人特質」第 2、3、4、6 項。 二、表現「發問技巧」第 1、2、4、7 項。 三、表現「建立心向」第 2、3、6 項。

教學活動	教材及教具	時間分配
一、預備活動 　1.收集相關資料。 　2.製作教具與簡報。 二、發展活動 　㈠集中注意 　　說一則笑話或腦筋急轉彎，引起學生的注意。	講述	1 分鐘

（下頁續）

（續上頁）

(二)動動腦 　1.詢問學生對「對稱」的認知。 　2.從圖形中找尋「對稱」觀念的線索。 　3.運用建立的觀念，判斷「對稱圖形」。	講述、投影片	4分鐘
(三)動動手 　1.從實際操作中驗證「對稱」的觀念。 　2.引申出「對稱」的相關特性。	海報紙	5分鐘
(四)建立正確觀念 　將建立起的「對稱」觀念，用定義加以陳述。	講述、投影片	2分鐘
(五)想一想 　1.啟發學生的想像力。 　2.觀察日常生活中有哪些事物與「對稱」有關。	講述、投影片	2分鐘
三、總結活動 　(一)解答學生的疑問。 　(二)安排課後作業。	講述	1分鐘

待答問題

1. 微觀教學與平常的班級教學活動有何差別？

2. 微觀教學的實施步驟有哪些？在實際練習時需事先做哪些準備工作？

第 **24** 章

教學信念

第一節　教學信念的意義與內容

　　信念（belief）在中文有相信、信心、信仰等意思。每個人都會有一些自己的想法與看法，當這些想法有了一個雛形時就稱之為「觀念」，當一個人認為自己的觀念很明確，且自以「為是」時，也就成了個人的「信念」。然而，個人所具有的各種觀念或態度並非全部正確，往往似是而非，其正確與否也不是由自己認定，在學術中要經過理論的探討，經認定其真實無誤

才是正確（賈馥茗，民92）。例如在道德倫理方面，一個人的正確觀念在於「明是非、分善惡、知廉恥」。

有志於教育工作，除了要具有興趣、熱忱和專業知能外，更重要的是能有正確的「教育」信念。實際從事教學者對於教學也需具有正確的「教學」信念。教學信念是指教師對於與教學活動相關的人、事、物所持有的認知觀念（如是、非、正確、不正確）和行為態度傾向（如喜好、厭惡等）而言。教學的信念涉及的範圍涵蓋教育的各層面，包括教育目標、教學的基本概念到教學方法、教學評量、教材教具、班級經營等層面都包含在內。舉凡與教學相關的人、事、物等觀念和行為態度都是教學信念的基本組成要素。這些觀念及態度是逐漸形成，且具有長久的一致性。

教學信念可說是教師的教學觀，正如同每個人都有其獨特的人生觀一樣。判斷各種教學信念的正確性與否可以某些標準來檢驗，例如教學的「認知規準」、「價值規準」和「自願規準」等。惟初任教職者往往無法釐清教學信念的正確性，師資職前教育及實際教學實習過程中對於養成教師的正確信念乃是最重要時機。以下即就教學的重要層面分別敘述教師所應具有的基本信念。

一、教育目標方面

我國學校教育目標一直是倡導德智體群四育均衡發展。但實際上卻只偏重智育，相對地就未能顧及其他三育，使得均衡發展的目標流於空談而成為不切實際的口號。身為教師必須了

解四育的目標都各有其重要性。學校的教學應依兒童身心發展階段而有所偏重。四育很難同時並重，更無法均衡發展。在不同教育階段應有不同的重點目標。例如，在國小中低年級宜以體育、群育爲主，到高年級以上始以智育爲主，德育、群育、體育爲輔。身爲教師，對於學校教育目標應有如此的體認。

二、教學方法方面

　　身爲教師都應知道教學方法有很多，也都各有其優缺點和適用性。不必要去比較各種教學法的好壞。教師要懂得靈活運用各種方法。傳統的教學都以講述法爲主。但教學不等於講述，還包括其他方式和活動，例如討論、探究、實驗等。教師的教學活動不應只是教師講解課本內容而已。教師講述的時間愈多，學生聽講的時間也多，發言的機會也就愈少，學習態度也就愈被動。因此，上課的時間應由師生共享，至少也要各佔一半。

　　教師的教學在課前要認真備課，熟記教學內容和流程。上課時就不必要去看課本、講義和小紙條了；上課時教師要經常雙手並用，一手拿教材，一手用來鼓勵學生；要經常穿梭於教室行列之間，不要被定位在講台後面。

　　教學最重要的是培養學生獨立自學的能力和習慣。教師不必樣樣都替學生操心，只要教會他們自動自學即可。教學的藝術是在能夠讓學生發現、體會到學習的快樂。教師要給學生的是打開知識殿堂的鑰匙，而不是要給庫內的寶物。與其教學生認識一百個字，不如教會他們會查字典。當教師的教學活動造成學生的被動時，學生就不再是一位學習者，也許只是一位「記

誦者」而已。

在人一生之中，我們所要學習的事，幾乎都是發生在教室外。每個人在離開學校之後就要靠自己去學習，每個人就是自己的老師。因此，自學能力是人一生之中最重要的一種能力。學校教學重要的任務之一是要培養學生在畢業離校之後仍有能力和興趣而樂意終生不斷地學習。

三、教學評量方面

教學評量、考試、測驗不是用來考倒學生或「整」學生的。它是用來讓教師知道學生的學習困難和成就所在的。打分數時應用正面的評價，例如「得八十分」而避免用「扣二十分」，然後再加上一些肯定勉勵的評語。

四、教材教具方面

教師不能受制於教具，不必每節課都在用它，不必因為新奇美觀華麗而用它，要記得不必因為愛現而去使用它。教具都不是用來取代教師的，它是在協助教師的教學。有助於教學的教學媒體、科技輔助器材才稱為教具，否則它只是一台單槍、錄放影機、電視機或科技產品而已。

假如要使用教具，事先要準備好，否則你寧可當天不用它，如果你在上課時才想到去器材室拿，會使你看起來很無能。黑板也是很必要的教具，但要能善用它。假如學生已聽懂的話，就無需寫在黑板上。也不能隨意東寫一句，西寫一句。板書要有系統，看起來很整齊。要知道，寫板書很花時間，不必花太

多時間在板書上。教師寧可多面向學生，而不要面向黑板。

　　教師的教學也不能被課本主宰。課本只是教學材料之一種而已。課本的內容只供教師教學的參考。教師要選擇教材、過濾教材內容、不要怕超過課本範圍，不要怕省略課本的某些內容，不要怕更動段落順序，也不要怕添加某些內容，但這些增減更動教材內容都必須事先思考過、計畫好。雖然要有教學計畫（教案），但也不要被教學計畫所束縛。雖然教案有其功用，但實際在課堂教學時不要受制於它。長達數頁的教案若不知靈活運用，它將只是幾張書面資料而已，有時候反而會阻礙教師的教學。

　　教師要鼓勵、要讓學生多發問、多說話，讓教室充滿學生的聲音，而不是只有教師的聲音。教師避免對學生說「安靜、不要講話」。

五、班級經營方面

　　教師要能夠營造愉快的學習氣氛，讓學生有如沐春風的感受，讓學生能在快樂、融洽、自在的氣氛中興致勃勃的學習，而不要讓學生在艱苦中學習。

　　「懸樑刺骨」式的苦讀並不符合學習原理。有些學習過程確實不太輕鬆，但教師要儘量添加一些趣味性。教師的教學要強調學習的快樂，避免強調學習的困難。讓學生體會學習的樂趣和成就，使學生樂於學習，這樣，縱使學生畢業離開學校，都將成為快樂的終生學習者。有效的教師可以讓枯燥乏味的教材變得生動有趣，也可以讓嚴肅的教室變成充滿笑聲的學習場

所。一個微笑，或是幾朵花，或只是幾句鼓勵的話，都可以促使教室產生愉快的氣氛。教師要記得，如果帶著笑臉進教室，也就會笑著走出教室。笑容是快樂教室氣氛的源泉。

六、對待學生方面

要記得，沒有不可教或教不好的學生。每位學生都有可塑性，都有各自的發展潛力。有的潛力高，有的潛力低。有的智能高，有的智能低。教學只須依其智能潛力去啟發即可。好的老師永不放棄學生，在其心中沒有放牛班或後段班之學生。

學生難免會犯錯，不論是在行為、態度或課業上，要讓學生有補救的機會。教師不能只看到學生犯錯，要多留意其良好的表現。在學生有良好表現時立即給予讚美。在學生犯錯時少批評、責備、只要指出其錯誤所在即可。要將學生和他的不當「行為」分開。要記得，學生的本質是好的，是可塑的，但其行為只是偶然犯錯而已，這些錯誤行為是可改正的。縱使要責備學生的行為，也要把握「先讚美後批評」的原則。先稱讚其良好表現處，再指出缺失所在。

教師要隨時注意學生的品德和言行舉止。教師不能只顧教書講課而忽略學生的道德教育。德育遠比智育為重要。學生今日的行為會變成將來的行為。教師要能隨時輔正學生的不當行為表現。

教師不可用傷害性的言詞責罵學生。所謂「惡語傷人六月寒」。罵人的話，損人的言詞對學生自尊心有所傷害，甚至會在學生心中烙下不可磨滅的印痕。此外，教師也要避免用粗俗

的話，儘量防止口頭禪。要記得，「良言一句三冬暖」，多讚美、少責罵。教師要經常修鍊，修得寬闊的胸襟，能禁得起學生的種種挑戰，依然願意去教他、扶他、助他、渡他、善待他。

第二節　偏差的教學信念

了解各項偏差的教學觀點而加以匡正，將會有助於正確教學理念的形成。黃政傑（民 86）對於我國學校教師常見的錯誤教學觀念有極中肯的剖析，茲摘列其中數項供參考：

1. 把教學當成教書，且侷限於教科書、升學參考書。不僅窄化了教師的任務和學習的範圍，也忽略了生活經驗的傳授。
2. 把教學限於知識技能的傳授，且流於單向的、注入式的傳授。
3. 把教學侷限於教室之中，忽略教室外的自然、社會環境。
4. 把教學限於集體學習活動，忽略小組和個別指導。
5. 把教學責任全然歸給教師，忽略學生及家長的職責。

我國教育行政機關對於當前國民中小學的正常化教學更是三令五申，也訂頒了各種實施要點和注意事項，這些要點、事項大都是用以規範所有中小學教師的教學行為和態度。從這些規定中也可綜理出若干正確的教學觀念。茲將教育部訂頒的正

常化教學實施要點中有關教師的教學部分規定摘列如下：

1. 不得採用或推銷坊間出版專為應付升學考試之各種參考書及測驗紙。
2. 教師不得在校內外從事不當補習及在文理補習班兼課。
3. 不得利用課後或星期假日作規定之外之課業輔導。

上述各項規定也顯示教育行政機關對教師的基本要求。大多數教師常根據教育當局訂頒的規定行事，不知不覺中也就形成了自己的信念。這些信念都屬於消極性教學觀。如果教師都能兼具積極性的正確教學觀念，從而表現出合宜的教學行為，對於中小學教學的正常化將會有極大的助益。但要匡正不當的教學觀並養成積極的教學理念，並非一蹴可幾，而是要長期逐步的改正。

第三節　教學信念實例

西洋教育史上許多著名的教育家大都有其教育思想和其主張，這些也都是其畢生從事教育所獲致理念的顯現，例如赫爾巴特、蒙特梭利、杜威等都有其教學信念足供吾人借鏡。

杜威在一八九七年發表「我的教育信念」（My Pedagogic Creed），有系統的宣告他對教育、學校、教材、教法等方面的基本觀點，可算是教育學家中最有系統闡述教育信念者，這些

信條還可以從杜威的其他著作中發現。以下僅摘錄其中數則供
參考（張光甫，民92）。

〈杜威的教育信念〉

第一條：何謂教育

我相信～

　　所有的教育都是要求個體融入群體社會意識的歷程。此一
認同歷程幾乎自然而然地在個體一出生時就開始，而且繼續不
斷地培養其能力、灌注其意識、訓練其習慣、灌輸其觀念、激
發其情感。經由這個無意的教育活動，個體逐漸能分享由人類
整合起來的知識和道德的資源。每個人變成文化資產的傳承者。
世界上最正式的和專門的教育，都不能避免這一普遍模式。學
校教育只能在某些特殊方面，呈現不同的組織風貌。

　　教育歷程有兩個層面，一屬心理學的，一屬社會學的。兩
者同樣重要，而無主從之別。一有偏失，就有弊端產生。心理
的因素終究是一切的基礎。兒童的本能和能力供給學習的素材，
成為所有教育活動的起點。除非教師的用心用力能和學生按照
自己的創意、主動學習兩相接合，教育就變成由外往內的強迫
灌輸。或許灌輸也會產生某些外顯的效果，但不可稱之謂真正
的教育。忽略個體心理的機能和活動，教育的歷程會顯得鬆弛
和盲動。如果教育與兒童的活動正好配合，就得到平衡發展；
如果不能兩相契合，則會造成衝突、甚至阻礙兒童天性的發展。

　　受教的個體是一個社會的個體。社會是一個集合許多個體

的有機體。若將社會因素從兒童身上移開，我們只看到一個抽象的兒童概念；若將個體因素從社會中抽離，我們只得到一個了無生機的群體而已。所以，教育務必用心理學的知識洞察兒童的潛能、興趣，和習慣。

第二條：何謂學校

我相信～

學校基本上是一種社會機構。教育若視為一種社會活動的歷程，學校就成為一種社會共同生活的方式。在學校裡，有所有社會的各式活動之雛形。它能使學生分享民族文化的傳統，使學生發揮潛能，貢獻社會。

所以，教育是一連串的生活過程，不是為未來生活作準備。

學校務必反映現在的生活，生活對兒童來說，就是活生生地在家中、在鄰里街坊、在遊戲場中活動，即真實又生動。

學校的紀律應該直接來自學校共同生活，而非訴諸教師的規定。

教師具備豐富的經驗和成熟的智慧，他們在學校工作，只是設法引導學生面對生活的紀律。

第三條：教材

我相信～

在兒童生長或訓練的過程中，兒童的社會生活是發展注意集中和相互關係的好地方。社會生活提供無形的群體意識，也是所有個人努力和成功的活動舞台。

學校各類科目，真正相互關連的中心不是科學、文學、歷

史和地理，而是兒童自己的社會活動。

　　教育應該視為經驗的繼續不斷重組。教育的目的和歷程是同一件事。

第四條：教學的方法

　　我相信～

　　教學法終究是關乎兒童能力與興趣發展的次序問題。提供教材和安排教材，應配合兒童內在的本性。

　　兒童本性的發展，總是主動先於被動；肌肉的發展早於感官知覺；動作先於知覺。我相信，意識基本上是活動或激情的狀態。意識本質上總要表現為行動。

　　由心智和理性的活動中獲得的概念，是行動的產物。它也為了要有效控制行動而設法調整思考。所謂理性主要指有效或有規律的行動法則。

　　我們如能獲得思想和行動的好習慣，再參照真、善、美的特質，人的情緒大致上會冷靜下來。

　　另一位美國教育學者海曼（R. T. Hyman）曾提出一套以英文字母的二十六字為字首的教學準則，即他所稱的「教學ABC」，對於教學工作和理想的教學態度有極扼要中肯的描述，雖然中外國情不一，但仍有可供參考之處，以下亦僅摘述其中七則供參考。

〈海曼的教學 ABC〉

A 是指發問（Asking Question）

發問是教學的重點，發問對學生來說遠比對教師更重要。教師不應只是問學生問題，教師更要促使學生自問他們知道了什麼，他們又是如何知道的。

E 是指考試和評量（Examination and Evaluation）

這兩者都需要看淡才能夠達到另一個 E，即教育（Educating）。回想一下當你自己一直在被「烤」時的感覺。

G 是指評定成績（Grading）

教師評價學生應該有明顯的事實依據和客觀的標準。

H 是指家庭作業（Homework）

家庭作業真是有意思：學生討厭去做，而教師也不喜歡去改它。那麼你為何要規定學生做呢？理由何在？

L 是指聽（Listening）

教師在教學之中必須用心去聽學生的意見。

M 是指音樂（Music）

音樂代表著和諧、美麗、節奏、平衡等。教師要從這些角度去教學。

T 是指思考（Thinking）

　　教學生不是教他們想「什麼」，而是要教他們「如何」想。

〈作者的教學信念〉

　　以下則是作者在任教及研究教學多年所獲之教學信念，特供讀者參考，期盼每一位有志教學者亦能提出自己的教學信念。

　　1. 教師既是教書匠，也是教育家；既是經師，也是人師。

　　2. 教師應以教「人」為主，教「書」為輔。教學任務主要是在「育人」，是在培育人的品德。

　　3. 教師是課堂教學的導演，要儘量把教室的舞台留給學生，更不可替他演戲。

　　4. 教師在教學活動中只是配角，學生才是學習的主角，要讓學生主動參與學習活動。

　　5. 教師的角色是位求知的引導者，在引導學生「自己求知」，所謂「導而弗牽」之意。

　　6. 教學只是一趟由教師帶領學生的探索發現知識之旅而已，所謂「師父帶入門，修行靠個人」。

7.「合格」不等於「稱職」,「資深」不等於「優良」,
每一位教師如果不能與日俱進,終身學習,合格或資深
也可能是不稱職、退化或退步的同義字。

8.教師心目中應該是沒有不可教或教不好的學生,不管是
智能的高低、品行的良否,都是可以教的。

9.有些學習過程確實不太輕鬆、要添加一些趣味性,讓學
生在愉快的氣氛中學習。

10.各種教學方法都有適用性,每個方法用在某一種情況中
可能會存其效果,但並不適用於所有情境,關鍵在運用
得當與否。不必要去比較哪一種教學方法較好。

11.教學不等於教師的講述,教師必須懂得其他的教學方法。

12.要讓學生多說話、多發問,讓教室充滿學生的聲音,避
免對學生說「不要吵、不要講話」。

13.有用的視聽輔助器材才叫作教具,否則它只是錄音機、
投影片、錄影帶而已。

14.教具都不是要取代教師的,不必為使用而去用它,也不
必每節課都在用它,不必因為新奇昂貴華麗愛現而用它。

15. 假如學生已經聽懂的字，就無需寫板書。除非錄音帶對學習很有幫助，否則就不需播放。

16. 黑板是很重要的視覺輔助工具，要記得不能隨意東寫一點，西寫一點，要有組織，看起來很整齊。

17. 假如要使用教具，事先應準備好，否則你寧願當天不用它。如果你在課堂上才準備，會使你看起來很無能。

18. 不要讓課本主宰你的教學，你要教的是學生而不是教課本。課本只是教學的材料之一而已。

19. 不要怕省略課本的某些內容，不要怕更動段落的順序，也不要怕添加某些材料，但這些教學活動的改變、修正都必須事先計畫好。

20. 不要被教學計畫（教案）所束縛。雖然課前有詳細的計畫對教學有些幫助，但實際在教學時不要一直死守著它，要能靈活運用它。

21. 上課時你常要在教室內走動，穿梭在教室行列之間，更不要一直站在講台後。站在台前比站在台後好。

22. 教育是主動的，訓練是被動的，教育要重視個別差異，

訓練則在求同。教育兼重過程和結果，訓練偏重結果。

23.教學最重要的是培養學生自學的能力，教師不必樣樣都替學生操心，只要教會他們自己能夠自動自學就可以了。

24.真正的學習都來自於學習者本身的心智活動，教師只能協助指引和激發，但是教師卻無法一直代替學生學習。當教師的表現造成學生被動時，學生將不再是「學習者」，也許只是一位「記誦者」而已。

25.教學生認識一百個字，不如教會他查字典。教師給學生的是打開知識寶庫的鑰匙，而不是庫內的寶物。

26.在一生之中，大部分我們所應該要學習的事都發生在教室外。

27.每一個人既是學生，也是自己的第一位老師。

28.要教學生不必等別人來讚美，要教他們經常讚美自己。

29.教師要多留意學生好的表現，不要經常只看到學生做錯的事情，不要吝於稱讚學生。

30.學生偶爾犯錯難免，要讓學生有補救缺失的機會。

31.把學生和他不好的行為分開，學生是好的，只是行為偶
　　而犯錯而已，要給學生補救的機會。

32.教師愈常看到自己的美好，就會愈常看到學生的美好。

33.教師要常面帶笑容，常保快樂的心情。如果帶著笑容走
　　進教室，也就會笑著走出來，有快樂的老師才會有快樂
　　的學生。

34.一個微笑，或只是幾個字的鼓勵，有時甚至是幾朵小花，
　　這些都可以促使教室產生愉快的氣氛。

35.測驗不應用來「整」學生、考倒學生的，它是要用來讓
　　學生表現所學，讓老師知道學生的學習困難和教學成果。

36.教學評量時應該避免用「扣二十分」的字眼而是應該改
　　成「得八十分」。然後再加上一些正面的評語。

37.教師們也許不能夠改變外在工作的環境，但卻能夠改變
　　自己的內在環境，他們可以減輕自己身上的壓力。

38.隨時要記得學生們可能人是留在教室內，但卻已放棄試
　　著去學習。

39.教師不可使用傷害性的言詞責罵學生，罵人、損人的言詞都會對學生心理上造成很大的傷害。

40.教師要相信在與學生相處時儘量多鼓勵少批評、責備，記得「批評前先讚美」的原理。

41.我們在生活中都有過挫折，無法經常成功，這本是人生的一部分。成功的路上其實是充滿著曾經失敗過的人。

42.隨時注意學生現在的行為，因為這些行為會演變成將來的行為。

43.教學不是由教師唱獨角戲，教師講述時間愈多，學生學習時間愈少。

44.學生在學校裡可以完成的作業就不必要他們帶回家去做。家庭作業應只限於那些要利用家庭資源才能完成的活動。

45.教師不必因為擔心學生在家無事可做而規定一些家庭作業。

46.教師要經常以友善的態度對待學生。

47.教師要經常將個人最美好的一面表現在學生面前，不要在情緒低落時面對學生。

48. 身為教師要先認同自己的學校、喜歡它，才能敬業樂業。

49. 教師若未經學生的同意，不要隨意去碰觸或干擾他。

50. 想要做個稱職的老師，必須經常自我檢討。

51. 教師要經常營造溫馨親切和諧的氣氛，使學生能在快樂情境中學習。

52. 做為教師的要件之一是要有高度的教學熱忱。

53. 教師的必要特質是要有一顆善良的心，時時心存善意。

54. 教師常有極大的雅量和包容心，面對學生時永遠不生氣，反而要經常保持心平氣和，這才是教師應有的風範。

55. 教師絕不可存心讓學生受窘或受辱。

56. 教師絕不無理地要求讓學生接受不同的意見。

57. 教師要公平的對待每位學生。

58. 教師要記得自己「既是教師，也是學生」，必須不斷地學習。

59.教師所說的，學生不見得都聽到、都聽懂、都記住。教師要經常有此體認。

60.教師不可囿於自己已有的學習經驗、現成的觀念和方法去教學生，而是要能經常以新的觀念和方法來教學。

61.是引導而不強迫，鼓勵而不責罵，開導而不告訴。

62.教育不是「教育者」的需要，而是因為「學習者」的需要。學習固然要有人教，可見如果學習者「無意學」，則「教」就難有成效。

63.教師上課時要「眼觀四路，耳聽八方」，隨時注意看學生的表情，發現學生心不在焉時，便要把他的心拉回來。

64.學生上課時安靜坐著，不一定就等於用心聽講。有時候似乎在聽，實際上心卻已不知去向。教師應該要注意學生的眼神和表情。

65.縱使你是在下課前幾分鐘才趕到教室，我仍會認為你是個好學生。

66.善用你的肢體語言，不要過份依賴教學科技。

67.教師要說「理」，要有「禮」，但不可以「力」來待學生，絕不可「體罰」學生。

68.沒有「教不會」的學生，只有「不會教」的老師。沒有「不可教」的學生，只有「未盡責」的老師。

69.一種米養百種人，不一樣的學生就應以不一樣的方式來教導。

70.熟記學生的名字是當好老師的第一步。

71.要懂為師之道，先懂為人之道。要當他人之師，要先當他的朋友。

72.師道精神在於「學不厭，教不倦」。

73.好老師要以自己的一生來造就學生，而不是靠學生來成就自己。

74.好老師要有如大海般的胸襟去接納、容忍學生的過錯。

75.好老師心中永遠有愛，愛學生也尊重學生。

76.同樣是資優班學生，仍然有很多個別差異。

77.老師要經常想起自己以前是學生時期對老師的看法。

78.老師的身份是不受時空的限制，不管在學校教室或任何地方，隨時都要教導學生。

79.老師要常提供給學生成功的機會。

80.記住！我的學生永遠都不笨、都不壞。

81.教師愈少面對黑板，就有更多時間面對學生。教師要儘量把黑板的空間留給學生使用。

待答問題

1. 闡述信念、態度及教學信念的意義與內涵。

2. 試擬出三項教師對學生方面的基本信念。

3. 德育、智育、體育、群育等四項教育目標能否並重？

4. 上課的時間如何由師生共同分配應用才屬理想？實際執行上有那些困難？

5.使用教具應把握那些原則？

6.查閱杜威的教育信念全文。

7.闡述杜威的「教育是生活，而不是爲未來生活做準備」之意義。

8.資深教師是否等於優良教師？請查閱教育當局選拔優良教師
　之標準並加以評述。

中文部分

毛松霖（民76）。地球科學的探討發現活動。臺北：幼獅圖書
　　公司。

毛連塭、陳麗華（民77）。精熟學習法。臺北：心理出版社。

王文科（民91）。教育研究法（七版）。臺北：五南圖書出版
　　公司。

王淑俐（民86）。教師說話技巧。臺北：師大書苑。

李其龍譯（民80）。教育學講授綱要（赫爾巴特原著）。臺
　　北：五南圖書出版公司。

李復新譯（民89）。當代教育發展史。臺北：桂冠圖書公司。

沈翠蓮（民90）。教學原理與設計。臺北：五南圖書出版公司。

沈六（民75）。道德認知發展教學計畫的擬定──討論式教學
　　法。載於中國教育學會（主編），有效教學研究（頁245-
　　262）。臺北：臺灣書店。

林玉体（民69）。西洋教育史。臺北：文景出版社。

林生傳（民77）。新教學理論與策略。臺北：五南圖書出版公
　　司。

林貽光（民64）。談談凱勒計畫。幼獅月刊，**41**（2），26-28。

林寶山（民73）。人文主義的教育改革計畫。高雄：復文圖書

出版社。

林寶山譯（民 74）。爲升大學的學術準備。高雄：復文圖書出版社。

林寶山（民 77）。個別化教學之理論與實際。臺北：五南圖書出版公司。

林寶山譯（民 78）。民主主義與教育（杜威原著）。臺北：五南圖書出版公司。

林寶山（民 82）。影響國民中等教學運作之校內外活動及事件之調查研究。國立高雄師範大學特教中心。

林寶山（民 87）。教學原理與技巧。臺北：五南圖書出版公司。

初安民（民 74）。愁心先醉。臺中：晨星出版社。

洪素華譯（民 90）。實用英語教學技巧。臺北：優百科國際有限公司。

高強華（民 84）。樂在教學。臺北：南宏圖書有限公司。

張玉成（民 72）。教師發問技巧。臺北：心理出版社。

張玉成（民 77）。開發腦中金礦的教學策略。臺北：心理出版社。

張玉成（民 82）。思考技巧與教學。臺北：心理出版社。

張春興（民 83）。教育心理學。臺北：東華書局。

張光甫（民 92）。教育哲學著。臺北：雙葉書廊。

郭生玉（民 74）。心理與教育測量。臺北：大世紀出版社。

郭爲藩（民 68）。教育的理念。臺北：文景書局。

陳英豪、吳鐵雄（編譯）（民 75）。創造思考的教學。國立高雄師範大學特教中心。

陳龍安（民77）。創造思考教學的理論與實際。臺北：心理出版社。

黃光雄（民75）。精熟學習法的理念與運作。載於中國教育學會（主編），有效教學研究（頁205-223）。臺北：臺灣書店。

黃政傑（民74）。教育與進步。臺北：文景書局。

黃政傑（民85）。多元化的教學方法。臺北：師大書苑。

黃政傑（民85）。創思與合作的教學法。臺北：師大書苑。

黃政傑、林佩璇（民85）。合作學習。臺北：五南圖書出版公司。

黃政傑（民86）。教學原理。臺北：師大書苑。

賈馥茗（民63）。才賦優異兒童之教育方式。國立台灣師範大學教育研究所集刊，第16輯。

賈馥茗（民72）。教育哲學。臺北：三民書局。

賈馥茗（民92）。教育認識論。臺北：五南圖書出版公司。

歐陽教（民75）。教學的觀念分析。載於中國教育學會（主編），有效教學研究（頁1-27）。臺北：臺灣書店。

歐陽鍾仁（民74）。科學教學的過程。臺北：幼獅圖書公司。

歐滄和（民91）。教育測驗與評量。臺北：心理出版社。

英文部分

Andrews, J. D. W. (1984). Discovery and expository learning compared. *Journal of Educational Research, 28,* 80-89.

Arends, R. I. (1993). *Learning to teach* (3ʳᵈ ed.). N. Y.: McGraw-Hill, Inc..

Armstrong, D. G. & Savage, T. V. (1983). *Secondary education: An introduction.* N. Y.: Macmillan Publishing Company.

Ausubel, D. P. (1968). *Educational psychology* (2ⁿᵈ ed.). N. Y.: Holt, Rinehart & Winston.

Ausubel, D. P. (1963). *The psychology of meaningful verbal learning.* N. Y.: Grune & Stratton.

Bauer, Anne M., & Shea, T. M. (1989). *Teaching exceptional students in your classroom.* Boston, Mass.: Allyn and Bacon, Inc..

Berliner, D. C. & Gage, N. L. (1976). In N. L. Gage (Ed.), *The psychology of teaching methods. 75ᵗʰ Yearbook of NSSE.* Chicago: University of Chicago Press.

Biehler, R. F. & Snowman, J. (1986). *Psychology applied to teaching* (5ᵗʰ ed.). Boston, Mass.: Houghton Mifflin Company.

Bigge, M. L. (1982). *Learning theory for teachers* (4ᵗʰ ed.). N. Y.: Harper & Row Publishers, Inc..

Block, I. H. & Anderson, L. W. (1975). *Mastery learning in classroom instruction.* N. Y.: Macmillan Publishing Company.

Bloom, B. S. et al. (1976). *Human characteristics and school learning.* N. Y.: McGraw-Hill Book Company.

Bloom, B. S. et al. (1956). *Taxonomy of educational objectives: Handbook I: The cognitive domain.* N. Y.: David McKay Company.

Borich, G. D. (1992). *Effective teaching methods.* Columbus, Ohio:

Charles E. Merrill Publishing Company.

Borko, H. et al., (1979). Teachers' decision making. In P. L. Peterson & H. J. Walberg (Eds.), *Research on teaching*. Berkeley, CA.: McCutchen Publishing Corporation.

Bruner, J. S. (1960). *The process of education*. N. Y.: Vintage Books.

Bruner, J. S. (1966). *Toward a theory of instruction*. N. Y.: W. W. Norton.

Callahan, J. F. & Clark, L. H. (1988). *Teaching in the middle and secondary schools* (3rd ed.). N. Y.: Macmillan Publishing Company.

Carin, A. A. & Sund, R. B. (1985). *Teaching modern science*. Ohio: Charles E. Merrill Publishing Company.

Charles, C. M. (1983). *Elementary classroom management: a handbook of excellence in teaching*. N. Y.: Longman Inc..

Clark, L. H. & Starr, I. S. (1986). *Secondary and middle school teaching method*. N. Y.: Macmillan Publishing Company.

Collette, A. T. & Chiappetta, E. L. (1989). *Science instruction in the middle and secondary schools*. Columbus, Ohio: Charles E. Merrill Publishing Company.

Cremin, Lawrence (1961). *The Transformation of the School: Progressivism in American Education, 1876-1957*. N. Y.: Vintage Press.

Cruickshank, D. R. et al. (1995). *The act of teaching*. N. Y.: McGraw-Hill Book Company.

Davies, B. C. (1993). *Tools for teaching*. San Francisco, Calif.: Jossey-Bass Publishers.

Davies, I. K. (1981). *Instructional technique.* N. Y.: McGraw-Hill Book Company.

Dembo, M. H. (1981). *Teaching for learning* (2nd ed.). Santa Monica, CA: Goodyear Publishing Company, Inc..

Devine, T. G. (1987). *Teaching study skills* (2nd ed.). Boston, Mass.: Allyn and Bacon, Inc..

Dillon, J. T. (1988). *Questioning and discussion.* Norwalk, N. J.: Ablex.

Dillon, J. T. (1984). Research on questioning and discussion. *Educational Leadership,* 50-60.

Dillon, J. T. (1983). *Teaching and the art of questioning.* Bloomington, IN.: Phi Delta Kappa.

Dillon, J. T. (1985). Using questions to foil discussion. *Teaching and Teacher Education,* 109-121.

Dunkin, M. J. (1987). *The international encyclopedia of teaching and teacher education.* N. Y.: Pergamon Press.

Emmer, E. T. et al. (1984). *Classroom management for secondary teachers.* N. J.: Prentice-Hall, Inc..

Evans, S. S. et al. (1986). *Assessment for instruction.* Boston, Mass.: Allyn and Bacon, Inc..

Feldhusen, J. F. & Treffinger, D. J. (1985). *Creative thinking and problem solving in gifted education.* Iowa: Kendall/Hunt Publishing Company.

Flanders, N. A. (1970). *Analyzing teacher behavior.* Reading, MA.: Addison-Wesley.

Gagné, R. M. (1985). *The conditions of learning and theory of instruction* (4th ed.). N. Y.: Holt, Rinehart and Winston.

Gagné, R. M. & Briggs, L. J. (1992). *Principles of instructional design* (4th ed.). N. Y.: Holt, Rinehart and Winston.

Gall, M. (1984). Synthesis of research on teachers' questioning. *Educational leadership, 42,* 40-47.

Gall, M. D. & Gall, J. P. (1976). The discussion method. In N. L. Gage (Ed.), *The psychology of teaching methods. 75th Yearbook of the NSSE.* Chicago: University of Chicago Press.

Gall, M. D. & Gillet, M. (1981). The discussion method in classroom teaching. *Theory Into Practice, 19*(2), 98-103.

Gall, M. D. (1987). Discussion methods. In Dunkin, M. J. (Ed.). *The international encyclopedia of teaching and teacher education* (pp. 232-237). N. Y.: Pergamon Press.

Gronlund, N. E. (1981). *Measurement and evaluation in teaching.* N. Y.: Macmillan Publishing Co., Inc..

Gunter, M. A. et al. (1990). *Instruction: A model approach.* Boston, Mass.: Allyn and Bacon, Inc..

Guskey, T. R. (1985). *Implementing mastery learning.* Belmont, CA: Wadsworth Publishing Company.

Hunter, M. (1982). *Mastery teaching.* El Segundo, CA: TIP Publications.

Hyman, R. T. (1974). *Ways of teaching* (2nd ed.). N. Y.: J. B. Lippincott Company.

Jacobsen, D. et al. (1985). *Methods for teaching: A skill approach.* Columbus, Ohio: Charles E. Merrill Publishing Company.

Johnson, D. W. et al. (1994). *The New Circles of Learning Cooperation in the Classroom and School.* ASCD.

Johnson, D. W., & Johnson, R. T. (1999). *Learning together and alone* (5th ed.). Boston, Mass.: Allyn & Bacon, Inc..

Keller, F. S. & Sherman, J. G. (1982). *The PSI handbook: essays on personalized instruction.* Lawrence, KS.: TRI Publication.

Keller, F. S. (1968). "Good-bye, Teacher." *Journal of Applied Behavior Analysis, 1,* 79-89.

Kilpatrick, W. H. (1918). The Project Method. *Teacher College Record, 19,* 319-335.

Kindsvatter, R. et al. (1992). *Dynamics of effective teaching* (2nd ed.). N. Y.: Longman, Inc..

Krathwohl, D. R. et al. (1964). Taxonomy of educational objectives. Handbook II: affective domain. New York: David Mckay.

Kulik, J. A. (1987). Keller plan: A personalized system of instruction. In Dunkin, M. J. (Ed.), *The international encyclopedia of teaching and teacher education* (pp. 306-311). N. Y.: Pergamon Press.

Kulik, J. A. et al. (1979). A meta-analysis of outcome studies of Keller's personalized system of instruction. *American Psychologist, 34*(4), 307-318.

Kulik, J. A. et al. (1978). Research on component features of Keller's personalized system of instruction. *Journal of Personalized In-*

struction, 3(1), 129-141.

Laska, J. A. (1984). The four basic methods of instruction. *Educational Technology, 24*(6), 42-45.

Laska, J. A. (1984). The relationship between instruction and curriculum. *Instructional Science, 13*(3), 203-212.

Mager, R. F. (1975). *Preparing instructional objectives* (2nd ed.). Belmont, CA.: Pitman Learning, Inc..

Martin, R. E. et al. (1988). *An introduction to teaching.* Boston Mass.: Allyn and Bacon, Inc..

Maslow, A. H. (1970). *Motivation and personality.* N. Y.: Harper & Row, Publishers, Inc..

McCoy, K. M. & Prehm, H. J. (1987). *Teaching mainstreamed students: methods and techniques.* Denver, CO.: Love Publishing Company.

Mehlinger, H. D. (1989). American textbook reform: what can we learn from the Soviet experience? *Phi Delta Kappa, 71*(1), 29-35.

Mohan, Madan, & Hull, R. E. (1974). *Individualized instruction and learning.* Chicago, Illinois: Nelson-Hall Company.

Montague, E. J. (1987). *Fundamentals of secondary classroom instruction.* Columbus, OH: Merrill Publishing Company.

Muther, Connie (1985). What every textbook evaluator should know. *Educational Leadership, 42*(7), 4-8.

Myers, C. B. & Myers, L. K. (1995). *The professional educator.* Boston, MA.: Wadsworth Publishing Company.

Orlich, C. O. et al. (2001). *Teaching strategies: A guide to better in-*

struction (6th ed.). Boston, Mass.: Houghton Mifflin Company.

Ornstein, A. C. & Lasley, T. J. (2000). *Strategies for effective teaching.* Boston, Mass.: McGraw-Hill.

Parkhurst, Helen (1922). *Education on the Dalton Plan.* N. Y.: E. P. Dutton & Company.

Posner, G. J. & Rudultsky, A. N. (1986). *Course design* (3rd ed.). N. Y.: Longman Inc..

Scanlon, R. G. (1970). Individually Prescribed Instruction: A system of individualized instruction. *Educational Technology, 10*(2), 44-46.

Sharon, S. (1990). *Cooperative learning: Theory and research.* N. Y.: Praeger Publishers.

Sharon, S. & Sharon, Y. (1976). *Small group teaching.* Englewood Cliffs, N. J.: Educational Technology Publications.

Skinner, B. F. (1968). Programmed instruction revisited. *Phi Delta Kappa, 10,* 103-110.

Skinner, B. F. (1953). *Science and human behavior.* N. Y.: Macmillan Publishing Company.

Slavin, R. E. (1990). *Cooperative Learning.* Englewood Cliffs, N. J.: Prentice-Hall.

Slavin, R. E. et al. (1985). *Learning to cooperate, cooperating to learn.* New York: Plenum.

Smith, B. O. (1965). *Language and concept in education.* Chicago IL.: Rond Mcnally and Company.

Stice, J. E. (1979). PSI & Bloom's mastery model: A review & comparison. *Engineering Education,* 175-180.

The College Board (1983). *Academic preparation for college: What students need to know and be able to do.* N. Y.: College Board Publications.

Torrance, E. P. (1968). *Education and the creative potential.* Minneapolis, MN.: University of Minnesota Press.

Tyler, R. (1949). *Basic principles of curriculum and instruction.* Chicago: University of Chicago Press.

Washburne, Carleton, et al. (1926). *The Winnetka public schools.* Bloomington, Illinois: Public School Publishing Company.

Williams, F. E. (1972). Encouraging creative potential. N. J.: Educational Technology Publications.

Wlodkowski, R. J. (1978). *Motivation and teaching.* Washington, D. C.: A National Education Association Publication.

國家圖書館出版品預行編目資料

實用教學原理／林寶山著. --初版. --
　臺北市：心理, 2003（民 92）
　　面；　　公分. --（一般教育系列；41054）
參考書目:面
ISBN 978-957-702-621-7（平裝）

1.教學法

521.4　　　　　　　　　　　　　92015596

一般教育系列 41054

實用教學原理

作　　者：林寶山
執行編輯：陳文玲
總　編　輯：林敬堯
發　行　人：洪有義
出　版　者：心理出版社股份有限公司
地　　址：231026 新北市新店區光明街 288 號 7 樓
電　　話：(02) 29150566
傳　　真：(02) 29152928
郵撥帳號：19293172　心理出版社股份有限公司
網　　址：https://www.psy.com.tw
電子信箱：psychoco@ms15.hinet.net
排　版　者：鄭珮瑩
印　刷　者：竹陞印刷企業有限公司
初版一刷：2003 年 9 月
初版十一刷：2021 年 8 月
I S B N：978-957-702-621-7
定　　價：新台幣 300 元